Silke Arends

DAS SEENOTRETTER–KOCHBUCH

Rezepte und Geschichten

Danksagung

Für ihre freundliche Unterstützung und Mithilfe sowie die Abdruckerlaubnis des DGzRS-Jahrbuchvorwortes 2010 danke ich der DGzRS und insbesondere Herrn Andreas Lubkowitz, der das Zustandekommen dieses Buches erst ermöglichte.

Ein besonderes Dankeschön gilt den Seenotrettern der im Buch vorgestellten Stationen – Danke für die herzliche Aufnahme auf »ihren« Seenotkreuzern, für ihre Zeit und ihre Erzählungen, für den zusätzlichen Teller, der kurzerhand auf den Mannschaftstisch gestellt wurde, für die vielen »Pötte« Kaffee und für die leckeren Rezepte.

Außerdem bedanke ich mich bei Tim Mälzer und seinem Manager Frank Meyer für die unkomplizierte Zusammenarbeit und das Bereitstellen von Fotos und Rezepten.

Silke Arends

Silke Arends ist seit vielen Jahren als Redakteurin (Ostfriesland Magazin) und Autorin tätig – zweimal sind die Reportagen der Ostfriesin mit einem Journalistenpreis ausgezeichnet worden. Neben »Ostfrisica« hat Silke Arends auch »Literarisches« und »Kindgerechtes« veröffentlicht – so stammt beispielsweise das Kinderbuch für alle Lebensalter »Klabautermann und die verschwundenen Kapitänslöffel« aus ihrer Feder. Dass sie sich in der Anthologie »Acht Siele – Acht Verbrechen« auch dem Genre »Kriminalistisches« widmet, hat mit der Faszination Mensch zu tun. Und da sie überdies einen Hang zum Meer hat, kommt auch ihre Publikation »Das Seenotretter-Kochbuch« nicht von ungefähr. Silke Arends ist in Emden und Hamburg zu Hause.

Mehr unter www.ilsebill-verlag.de

Silke Arends

DAS SEENOTRETTER-KOCHBUCH

Rezepte und Geschichten

Koehlers Verlagsgesellschaft mbH
Hamburg

Bildnachweis:
Silke Arends, außer:
Timmo Schreiber: Seite 9
Matthias Haupt: Seite 10–13
Nicole Marquardt: Seite 69, 77, 96 oben
Seite 26: ExQuisine (Fotolia.com)
Seite 27: Ali Taylor (sxc.hu)
Seite 28: Ariel da Silva Parreira (sxc.hu)
Seite 34: Seenotkreuzer HERMANN MARWEDE
Seite 41: Seenotkreuzer HERMANN RUDOLF MEYER
Seite 68: blende40 (Fotolia.com)
Seite 76: makuba (Fotolia.com)
Seite 84: michtur (sxc.hu)
Seite 91: Birgit Reitz-Hofmann (Fotolia.com)
Seite 105: Christian Jung (Fotolia.com)

Umschlag: Silke Arends, außer: großes Bild Cover links: YPS Collection; Rückseite rechts: blende40 (Fotolia.com)

Rezepte von Tim Mälzer aus *Mälzer & Witzigmann*, *Zwei Köche – ein Buch*, Verlag: Mosaik bei Goldmann

Ein Gesamtverzeichnis der lieferbaren Titel schicken wir Ihnen gerne zu.
Bitte senden Sie eine E-Mail mit Ihrer Adresse an:
vertrieb@koehler-books.de
Sie finden uns auch im Internet unter: www.koehler-books.de

Bibliografische Information der Deutschen Nationalbibliothek
Die Deutsche Nationalbibliothek verzeichnet diese Publikation in
der Deutschen Nationalbibliografie; detaillierte bibliografische
Daten sind im Internet über http://dnb.d-nb.de abrufbar.

ISBN 978-3-7822-1033-1

© 2011 by Koehlers Verlagsgesellschaft mbH, Hamburg
Ein Unternehmen der Tamm Media

Lektorat: Keren Bewersdorf
Layout: Nicole Marquardt
Produktionsmanagement: impress media GmbH, Mönchengladbach

Printed in Germany

Inhaltsverzeichnis

Helden wollen sie nicht sein

Die Seenotretter der Deutschen Gesellschaft zur Rettung Schiffbrüchiger

Vor einhundertfünfzig Jahren, am 2. März 1861, gründete sich in der Seehafenstadt Emden der erste Verein zur Rettung Schiffbrüchiger, der seinerzeit Rettungsstationen auf den Ostfriesischen Inseln Langeoog und Juist betrieb. Weitere Vereine folgten, und 1865 kam es zur Gründung der Deutschen Gesellschaft zur Rettung Schiffbrüchiger (DGzRS), in der die lokalen Vereine aufgingen. Heute ist die DGzRS mit 61 Seenotrettungsbooten und Seenotkreuzern auf 54 Stationen entlang der Nord- und Ostseeküste und auf den Inseln präsent – ein moderner, leistungsfähiger Seenotrettungsdienst, der fortwährend mit neuen Herausforderungen konfrontiert wird. Symbolträger jener Flotte sind rund 18.000 Sammelschiffchen, die auf den Schiffen der DGzRS, aber auch dort anzutreffen sind, wo sie kein Wasser unter dem Kiel haben. Im ganzen Land werben sie für die DGzRS und demonstrieren zugleich die Unabhängigkeit des allein durch Spenden finanzierten Rettungswerkes, dessen Schirmherr der Bundespräsident ist.

Der »Gesellschafts«-Gedanke vereint 186 fest angestellte und achthundert ehrenamtlich tätige Seenotretter, die dann hinausfahren, wenn andere Schiffe Schutz in den Häfen suchen – allzu oft mit dem Sturm als Begleiter und dem Wissen, einen harten Kurs gegen die Zeit einschlagen zu müssen. Und das an 365 Tagen im Jahr. Der Alltag auf den Schiffen der DGzRS-Flotte ist dabei so unwägbar wie die Laune des Meeres. So ist es nicht verwunderlich, dass kaum eine Stunde vergeht, in der nicht die Funkgeräte krächzen und die Mannschaften ihren nächsten Einsatz erwarten. Seit Gründung der DGzRS anno 1865 haben die Retter annähernd 78.000 Menschen aus Seenot geborgen oder aus lebensbedrohender Gefahr befreit. Allein im Jahr 2010 wurden mehr als 1.100 Personen gerettet, oder es wurde ihnen in Notsituationen geholfen. Einsatzleitung und Koordinierungsstelle solcher Seenotfälle ist die Seenotleitung Bremen – das »Maritime Rescue Coordination Centre« (MRCC) Bremen.

Helden wollen die Seenotretter nicht sein. Sie machen ihren Job nur besser als andere. Der Neuharlingersieler Vormann Wolfgang Gruben hat die Maxime seiner Kollegen in drei Sätzen zusammengefasst: »Seenotrettung muss sein. Wir können das. Wir machen das.« Umso wichtiger ist es, dass die Rettungsleute nach einem anstrengenden Einsatz gemeinsam unter Deck sitzen und die Geschehnisse Revue passieren lassen. Was dabei auf den Tisch kommt, dient dem Erfahrungsaustausch, dem Miteinander und auch dem leiblichen Wohl. Silke Arends hat die Mannschaften auf den Kreuzerstationen entlang der Nord- und Ostsee besucht und mit ihnen in die Koch- und in die Logbücher geschaut. Lesen Sie von spannenden Rettungsfahrten und charmanten Kombüsen-Kuriositäten und lassen Sie sich inspirieren von Bordrezepten wie »Sassnitzer Blechdorsch«, »Huhn auf Dose«, »Fischtorte«, »Kohlpudding Dithmarscher Art«, »Matjes mit Jacob-Pauls-Stipp« oder »Fischsuppe Nis Randers« – allesamt maritime und regionale Leckereien, die in den Häfen und auch unterwegs zubereitet werden, denn die hauptamtlichen Seenotretter (die Nautiker in den roten und die Maschinisten in den grünen Hosen) legen mit ihren Kreuzern oft mehr als 75.000 Seemeilen im Jahr zurück. Dass das Essen deshalb selbst an Seemannsonntagen kalt werden kann, muss einen nicht wundern.

Liebe Leut',

tut immer
Butter bei die

viele Groschen
die
in

(Schiff)

Tim Mälzer – Ein »Bootschafter« und seine Rezepte

Den »Floh ins Ohr gesetzt« hat ihm eigentlich Jan Fedder, der im Jahr 2007 das Ehrenamt des »Bootschafters« der Seenotretter übernahm. Die beiden »Hamburger Jungs« kennen sich schon lange. Jan Fedder hat ihn zum »Bootschafter« für das Jahr 2010 vorgeschlagen und nachhaltig überzeugt. Im Februar 2010, an Bord des Seenotkreuzers HERMANN MARWEDE, brachte es TV-Koch Tim Mälzer in seiner sympathisch-pfiffigen Art auf den Punkt:

»Ich bin stolz, ›Bootschafter‹ bei den Seenotrettern zu sein, weil die Seenotretter die Idee vom uneigennützigen Engagement für in Not geratene Menschen praktizieren, ohne nach dem ›Warum?‹ zu fragen. Dieses Anliegen kann jeder fördern – ein paar ›Groschen‹ ins Sammelschiffchen, oder besser noch: eine zuverlässige Fördermitgliedschaft mit einem Beitrag ganz nach seinen persönlichen Möglichkeiten.«

Tim Mälzer begann im Jahre 2003 seine Fernsehkarriere mit dem täglichen Format »Schmeckt nicht – gibt's nicht!« bei VOX. Seine TV-Show wurde aus dem Stand heraus zur erfolgreichsten Kochsendung im deutschen Fernsehen.

Für »Schmeckt nicht – gibt's nicht!« erhielt Tim Mälzer die Goldene Kamera 2006, den Publikums-Fernsehpreis in Deutschland. Mit bis dato fast zwei Millionen verkauften Exemplaren von »Born to Cook« (2004) und »Born to Cook 2« (2005) ist er auch einer der erfolgreichsten deutschen Kochbuchautoren.

»Tim Mälzer kocht!« läuft wöchentlich seit 2009 bei der ARD.

Im Juli 2009 eröffnete er sein neues Restaurant »Bullerei« in Hamburg.

Buletten

2 Brötchen (vom Vortag)
250–300 ml Schlagsahne
2 Zwiebeln
2 EL Öl
1 Knoblauchzehe
500 g gemischtes Hack
2 Eier (Kl. M)
2 TL mittelscharfer Senf
2 EL gehackte Petersilie
2 TL edelsüßes Paprikapulver
1 TL getrockneter Majoran
2–3 EL Butterschmalz

Brötchen in Scheiben schneiden. In eine flache Form schichten, mit Schlagsahne übergießen und 10 Min. einweichen. Die Brötchen mit den Händen durchkneten.

Zwiebeln fein würfeln und in heißem Öl 2 Min. dünsten. Knoblauchzehe dazupressen.
Hack in eine Schüssel geben. Eier, Senf, Petersilie, Paprikapulver, Majoran, eingeweichte Brötchen und Zwiebeln zugeben. Salzen, pfeffern und alles kräftig zu einer gleichmäßigen Masse vermischen.

Die Hackmasse mit feuchten Händen zu 8 Buletten formen. Butterschmalz in einer beschichteten Pfanne erhitzen. Die Buletten 10–15 Min. bei mittlerer Hitze von beiden Seiten braten. Zwischendurch immer mal wieder wenden.

FOTO: MATTHIAS HAUPT

Rahmwirsing

1 Zwiebel
800 g Wirsingkohl
Salz
1 Dose geschälte Tomaten (400 g)
2 EL Butter
1½ TL Mehl
250 ml Schlagsahne
100 ml Gemüsebrühe
1–2 TL Kümmelsaat
3 EL gehackte glatte Petersilie
Pfeffer
Zitronensaft

Zwiebel fein würfeln. Wirsing putzen, den Strunk herausschneiden. Blätter in ca. 2 cm große Stücke schneiden. Den Kohl in kochendem Salzwasser 3–4 Min. garen. Abgießen, abschrecken und im Sieb abtropfen lassen. Die Tomaten im Sieb abspülen, abtropfen lassen und fein hacken.

Die Butter in einem Topf erhitzen, das Mehl zugeben und unter Rühren anschwitzen. Sahne und Brühe zugeben, mit dem Schneebesen verrühren und 5 Min. kochen. Kümmel, Tomaten, Petersilie und Wirsing zugeben. Bei mittlerer Hitze 5 Min. garen. Mit Salz, Pfeffer und einigen Spritzern Zitronensaft würzen.

FOTO: MATTHIAS HAUPT

Kartoffelmuffins

Für 6 Personen oder 4 Seenotretter
1 kg festkochende Kartoffeln
1 Zwiebel
Salz
Muskat
2 TL getr. Majoran
1 Ei (Kl. M)
1 gehäufter TL Speisestärke
1–2 EL weiche Butter
1–2 EL Zucker
6 Backpflaumen
2 EL Olivenöl
4–6 EL Sonnenblumenöl

Kartoffeln schälen. Kartoffeln und die Zwiebel fein reiben. In ein sauberes Tuch geben und kräftig ausdrücken. Kartoffelmasse in eine Schüssel geben und mit Salz, Muskat und Majoran würzen. Ei und 1 TL Speisestärke zugeben und zu einem glatten Teig verarbeiten. 6 Mulden eines Muffinblechs gut mit Butter ausstreichen und mit Zucker ausstreuen. Zwei Drittel der Kartoffelmasse hineinfüllen. In die Mitte der Kartoffelmasse jeweils 1 Backpflaume drücken. Übrige Kartoffelmasse darauf verteilen. Mit dem Öl beträufeln und im heißen Ofen bei 220 °C auf dem Rost auf der mittleren Schiene 35–45 Min. goldbraun backen.

FOTO: MATTHIAS HAUPT

Rezepte aus Mälzer & Witzigmann, *Zwei Köche – ein Buch*, Verlag: Mosaik bei Goldmann

Nudelsuppe mit Hackbällchen

Für 6 Personen oder 4 Seenotretter

1 Wirsing (ca. 400 g)
2 Scheiben Toastbrot
1 Bund Petersilie
500 g Zwiebelmett
2 Eier (Kl. M)
Salz
schwarzer Pfeffer aus der Mühle
1 große Dose Tomaten (425 g)
Zucker
200 g kurze Röhrchennudeln
4 EL Olivenöl

noch feiner mit Cayennepfeffer
noch leckerer mit
50 g geriebenem Parmesan
und mit 1 Lorbeerblatt und
1 TL Kümmelsamen noch besser

Vom Wirsing den Strunk und welke Blätter entfernen.
Wirsing klein schneiden.
Toastbrot in kaltem Wasser einweichen. Petersilienblätter
von den Stielen zupfen und fein hacken.
Toastbrot ausdrücken, mit Zwiebelmett, Petersilie, Eier,
Salz und Pfeffer verkneten und die Masse zu tischtennis-
großen Bällchen formen.

1 l leicht gesalzenes Wasser zum Kochen bringen. Hackbällchen darin bei milder Hitze ca. 10 Min. gar ziehen lassen
(noch besser mit dem Lorbeerblatt und 1 TL Kümmelsamen).

Dosentomaten grob zerschneiden und mit dem Wirsing
zu den Hackbällchen geben.
Zusammen etwa 15 Min. bei mittlerer Hitze garen.
Mit Pfeffer, Salz und etwas Zucker würzen (wenn gewünscht
noch mit Cayennepfeffer), Nudeln zugeben und weitere
5–7 Min. garen, bis die Nudeln bissfest sind.
Abschmecken und mit Parmesan und Olivenöl anrichten.

FOTO: MATTHIAS HAUPT

ELNA Rasterscan

Norderney – Hefeteig im Maschinenraum

Die Insel Norderney bekam anno 1797 die Auszeichnung, sich erstes deutsches Nordseebad nennen zu dürfen. Alsbald avancierte sie zur Sommerresidenz der hannoverschen Könige und ist heute – kurz gefasst – das Eiland für Kurzentschlossene. Das städtische Flair der zweitgrößten Ostfriesischen Insel und tideunabhängige Fährverbindungen locken viele Tagesgäste in das Staatsbad, in dem jährlich mehr als drei Millionen Übernachtungen verbucht werden. Dass sich der touristische Aufschwung auch im Hafen der Insel bemerkbar macht, ist eine logische Folge. Unzählige Wassersportler nutzen Norderney für einen Wochenendtörn oder für einen Zwischenstopp. »Wir sind der einzige Hafen weit und breit, in dem man Kraftstoff bunkern kann«, erzählt Gerd Schwips, Zweiter Vormann auf dem Rettungskreuzer BERNHARD GRUBEN. Entsprechend quirlig geht es den ganzen Sommer über im Hafen zu – und im angrenzenden Seegebiet. Oft kommt es beispielsweise im flachen Fahrwasser des sogenannten »Schluchter Tiefs« zu Komplikationen, denn dieses Areal zwischen den Inseln Norderney und Juist verlangt nautisches Können und eine ausgeprägte Revierkenntnis – nicht zuletzt bei unruhiger See.

Die BERNHARD GRUBEN hat von hier aus schon manchen Havaristen und dessen im Unglück letztlich glückliche Besatzung in den Hafen von Norderney geschleppt. »An manchen Tagen in der Saison rücken wir drei Mal aus«, kann Gerd Schwips berichten, der waschechter Juister ist und dort, bevor er sein Patent zur See machte, zwanzig Jahre freiwilliger Rettungsmann

Links: Der Seenotkreuzer BERNHARD GRUBEN an seinem Liegeplatz im Hafen von Norderney.

Rechts: Vormann Gerd Schwips genießt seinen morgendlichen Kaffee in der Messe des Seenotkreuzers. Rettungsmann Stephan Waldeck säubert indessen die Bullaugen von außen – das gehört zum täglichen »Klar-Schiff-Machen« dazu.

war. Wenn er heutzutage alle zwei Wochen seinen Dienst auf dem Norderneyer Kreuzer antritt, nimmt er – statt die Anreise übers Festland zu machen – den kurzen Dienstweg, und zwar mit seinem Boot FREIBEUTER, das während seiner Bordzeit neben der GRUBEN im Hafen dümpelt. »FREIBEUTER deshalb, weil ich mir damit einiges an Zeit ›freibeute‹«, lacht der Familienvater von »Töwerland« – wie die Juister ihre Insel gerne nennen.

Die GRUBEN hat eine Stammbesatzung von neun Rettungsleuten. Vier Männer teilen sich eine Schicht. Zwei Retter nächtigen im modernen Stationsgebäude der DGzRS, zwei an Bord. Wobei von Nachtruhe nicht wirklich die Rede sein kann. »Wir werden oft nachts zu Einsätzen gerufen. Und wenn nicht, so ›stückeln‹ wir uns unseren Schlaf so zusammen.« Denn: Der UKW-Funk auf Kanal 16 ist immer auf Empfang und ächzt oft. Besonders, seit mit der Errichtung der Offshore-Windparks in der Nordsee begonnen worden ist. Rund um die Uhr sind Schiffe zur Versorgung oder

Die BERNHARD GRUBEN ist seit 1997 auf der ostfriesischen Insel stationiert. Zum Einsatzgebiet des Norderneyer Seenotkreuzers gehört auch der Nationalpark Niedersächsisches Wattenmeer vor der ostfriesischen Küste – seit 2009 Weltnaturerbe. Oft ist der Seenotkreuzer im Hafen von Norddeich (rechts unten) zu sehen – beispielsweise dann, wenn ein Krankentransport ans Festland nötig war.

BERNHARD GRUBEN

Die BERNHARD GRUBEN verlässt den Norddeicher Westhafen; dort befindet sich eine Freiwilligen-Station der DGzRS mit dem Rettungsboot CASSEN KNIGGE.

Überwachung der riesigen Anlagen unterwegs und geben Meldungen raus.

Das ist auch der Grund, warum sich die Besatzung morgens zumeist darauf beschränkt, den Tag mit einem Kaffee zu beginnen, statt gemeinsam zu frühstücken. Das Mittagessen hingegen ist allen wichtig und auch die Zeit, in der es auf den Tisch kommt: 12 Uhr.

Mit dem Kochen ist jeder mal dran – allerdings jene Rettungsmänner häufiger, die dem etwas abgewinnen können. »Ich koche gerne, deshalb stehe ich auch öfter in der Kombüse – und das schmeckt man dann auch«, gibt sich Maschinist Norbert Schwoch unprätentiös. Und Vormann Gerd Schwips fügt schmunzelnd hinzu: »Aber auch diejenigen von uns, die nicht so gerne am Kochtopf stehen, kriegen was Ordentliches hin.« Er selbst gehörte mal zu den Kochmuffeln, aber diese Zeiten sind vorbei. »Ich gebe zu, die Kollegen waren kritisch, und einiges, was ich fabriziert habe,

ging tatsächlich über die Kante. Aber das hat geholfen!« So wie jener Kochkurs überaus nützlich war, den er mit seiner Frau auf Juist absolvierte und der ihn fortan zu kulinarischer Raffinesse motivierte.

Einen Speiseplan für die Woche macht die Besatzung nicht. »Ich habe immer gerne die Zutaten für eine Mahlzeit an Bord – falls wir mal ausrücken müssen und nicht zum Einkaufen kommen«, erzählt Norbert Schwoch. Wer kocht, ist aus der vormittäglichen Bordroutine raus. Und muss auch nicht abwaschen.

Gekocht wird, was schmeckt. Früher gab es häufiger eine Pfanne fangfrischen Fisch, aber mittlerweile fehlt es in der Nähe an aktiven Fischern. »Hin und wieder fahren wir mal längsseits an einen Kutter und fragen nach«, erzählt Schwips. Und auch Rettungsmann Stephan Waldeck bringt manchmal von seiner Heimatinsel Fehmarn Dorsch oder Aal mit, der auf diese Weise ein letztes Mal von der Ost- in die Nordsee

18

Durchs Bullauge
in die Kombüse
fotografiert: Norbert
Schwoch spart nicht am
Käse und auch nicht beim
gebackenen Nachtisch, der unter
freiem ostfriesischen Himmel abkühlt (rechts unten).

gelangt. Während die Besatzung Vormann Holger Freimuth ein Talent für das Zubereiten von Fischgerichten attestiert, ist Schwoch ein Mann für alle anderen Fälle. Ob nun »Kappes« (Weißkohl mit Hackfleisch und Kassler) oder das seemännische »Irish Stew« – kein Problem. Auch mehrgängige Festtagsgerichte verlassen unter seiner Regie die Kombüse – und das salonfähig. »Gibt es eine Vorsuppe, ist der Eierstich garantiert selbst gemacht«, versichert Schwoch, der überdies eine Vorliebe für die Verwendung von Zwiebeln hat und bei überbackenen Gerichten gerne Paniermehl einsetzt. »Zusammen mit dem Käse ergibt das eine schöne knusprige Kruste!« Apropos Backen: Darin versteht sich der Bremerhavener Familienvater auch. Zwar hat er an seine erste Schwarzwälder Kirschtorte nicht unbedingt die besten Erinnerungen (»... die Sahne ist mir einfach davongelaufen ...«), aber seine mit Marzipan gefüllten Hefezöpfe beispielsweise gelingen ohne großen Aufwand. Wundern muss einen das nicht: geht der Hefeteig doch unten im Maschinenraum der GRUBEN auf – dort, wo zwei Motoren à 1.350 Pferdestärken für den Ernstfall vorgewärmt sind.

Überbackenes Filet

1 kg Filet (Geflügel oder Schwein)
125 g geschälter Spargel
125 g geputzte Champignons
200 ml Sahne
200 g Schmand
2 Päckchen Sauce hollandaise
Butter
Paniermehl
geriebener Käse
Salz, Pfeffer
Currypulver

Das Filet in Scheiben schneiden, salzen, pfeffern, anbraten und danach in eine Auflaufform geben.

Den Spargel und die Champignons (jeweils frisch oder aus der Konserve) in Stücke schneiden, circa 10 Min. dünsten, mit Sahne und Schmand aufgießen und mit Salz, Pfeffer und Curry abschmecken. Anschließend die Sauce hollandaise hinzufügen und alles kurz aufkochen lassen.

Das Saucengemisch über das Filet geben, mit geriebenem Käse und etwas Paniermehl bestreuen und einige Butterflöckchen darauf verteilen. Bei 200 °C im vorgeheizten Backofen etwa 45 Min. überbacken.

Gut und reichlich. Auf ein gemeinsames Mittagessen legt die Besatzung der BERNHARD GRUBEN großen Wert.

Matjes mit Jacob-Pauls-Stipp

Tipp *Zu den Matjes und dem Stipp passen am besten Pellkartoffeln. Und in der Freiwache: ein trockener Weißwein!*

Die Zwiebeln in Ringe schneiden. Matjes in Filets teilen, die Schwänze entfernen und gründlich mit Wasser abspülen, dann die Matjes und die Zwiebelringe appetitlich anrichten. Die Speckwürfel in etwas Margarine auslassen und darin die klein geschnittenen Zwiebeln glasig dünsten – dann beides aus der Pfanne nehmen und zur Seite stellen.

Die Margarine zu dem ausgelassenen Fett geben, erhitzen und mit einer entsprechenden Menge Mehl eine Mehlschwitze herstellen. Die Masse je zur Hälfte mit Milch und Wasser verdünnen, bis sich eine dickflüssige Konsistenz ergibt, und circa 2 Min. kochen lassen, bis der Mehlgeschmack schwindet. Jetzt den Speck, die Zwiebeln und den Senf hinzugeben und gut verrühren. Je nach Gusto mit Salz oder mit noch mehr Senf abschmecken.

Norderneyer Retter-Teller

(Panierte Schnitzel mit Rösti-Ecken an Champignon-Sahnesauce)

Schnitzel weich klopfen, kurz vor dem Braten salzen, pfeffern und leicht panieren. 1 kg große festkochende Kartoffeln reiben, danach gut abtropfen lassen und leicht mit Mehl überstreuen. Die weißen Zwiebeln fein würfeln, mit den 4 Eiern, Salz und Pfeffer vermengen. Aus der Masse Rösti-Ecken formen.

Champignons in Scheiben schneiden und anbraten. Währenddessen die roten Zwiebeln würfeln, in einer zweiten Pfanne anschwenken und die Speckjes hinzugeben und beides anbraten. Dabei darauf achten, dass die Zwiebeln nicht anbrennen. Die Pilze hinzufügen, mit der Sahne und frischen Kräutern verfeinern.
Nach Belieben mit Paprikapulver, Pfeffer und Salz würzen.
Nun die Rösti-Ecken und Schnitzel goldbraun braten und mit der Champignon-Sahnesauce servieren.

... »Smakelk Eten!« wünschen die Norderneyer Seenotretter.

Hooksiel – Senf kann manches retten

»Hook« kommt von Nase, heißt es. Tatsächlich weht dem Deichspaziergänger der Wind im Nordseebad Hooksiel in der Gemeinde Wangerland aus erster Hand um die Nase. Aus »Uppe dem Hoeke«, so fand der Ort erstmals 1479 urkundliche Erwähnung, wurde mit den Jahrhunderten ein bedeutender Umschlagplatz an der Küste. Die Zeiten sind längst vorbei, und der Tourismus ist heute stärkster Wirtschaftsfaktor, aber die Hooksieler erzählen gerne aus der Vergangenheit. Als Napoleon nämlich dort das Sagen hatte und seine Kontinentalsperre verhängte, hatten die Hooksieler die Nase im Wind: Der Hafen avancierte zum weithin bekannten Schmugglernest. Im Schutz der Nacht luden die Seeleute seinerzeit dort jene Fracht ab, die sie zuvor auf der britischen Insel Helgoland geladen hatten. Bis heute gibt es die Verbindung nach Helgoland – allerdings als saisonale Fährlinie für Touristen. Und auch die Hooksieler Seenotretter der Deutschen Gesellschaft zur Rettung Schiffbrüchiger, die dort seit 1994 im Außenhafen stationiert sind, fahren hin und wieder in Richtung »Roter Felsen« – dann, wenn die Helgoländer Kollegen mit der HERMANN MARWEDE in Cuxhaven sind, um die Besatzung zu wechseln.

VORMANN STEFFENS heißt der Hooksieler Rettungskreuzer – Seerufzeichen »DBAE«, neun Mann Stammbesatzung, einsatzbereit sofort. Sein Name ist der einer wahren Seenotretter-Dynastie: die Neuharlingersieler Familie Steffens brachte seit 1873 Vormänner hervor. Die Männer – die meisten von ihnen tragen seemännische Bärte – sind auf einer hölzernen Gedenktafel vereint, die in der Messe der VORMANN STEFFENS hängt. An ihren wettergegerbten Gesichtern vorbei führt die Treppe nach unten, wo sich die Kammern der Besatzung befinden. Vier Seenotretter teilen sich eine Schicht und die vier Kammern, die alle mit Lautsprechern ausgestattet sind. Das heißt: Die Besatzung ist immer auf Empfang, kann jederzeit die Leinen los machen. An 365 Tagen im Jahr. So wie an jenem stürmischen Abend des 8. November 2006.

Der Seenotkreuzer VORMANN STEFFENS ist an 365 Tagen im Jahr im Außenhafen von Hooksiel einsatzbereit.

Rechts: Vormann Dirk Lindemann kommt aus einer Seefahrerfamilie und weiß von den Gefahren des Meeres.

Ingo Henser brutzelt gern – zur Freude seiner Törnkollegen. Immer gegenwärtig: die Gedenktafel der Familie Steffens, die viele Seenotretter hervorbrachte.

Vormann Dirk Lindemann erinnert sich gut. Später hieß es, dass der Fischkutter HOHEWEG mit Heimathafen Brake, der sich zum Zeitpunkt der Havarie im Gebiet der sogenannten »Nordergründen« befunden hatte, um exakt 20.44 Uhr von den Bildschirmen der Radarüberwachung in der Deutschen Bucht verschwunden war. Die Seenotleitung Bremen war 45 Sekunden später alarmiert worden – das war der Moment gewesen, in dem die automatische Notrufboje des Schiffes 16 Meilen südöstlich von Helgoland SOS zu senden begonnen hatte. »Zum Zeitpunkt des Unterganges herrschten stürmische Westwinde mit bis zu acht Beaufort. Entsprechend war auch der Seegang«, erzählt Vormann Lindemann. Doch die tagelange Suche nach Schiff und Überlebenden, an der auch andere Rettungskreuzer, die Wasserschutzpolizei und die Marine beteiligt waren, endete erfolglos. Die HOHEWEG konnte aufgrund der schlechten Wetterverhältnisse erst eine Woche später geortet werden, im Sommer darauf wurde das Wrack gehoben. Drei Besatzungsmitglieder gab das Meer in den Wochen und Monaten nach dem tragischen Untergang frei, der junge Kapitän gilt bis heute als vermisst. »Die Geschichte hat uns alle betroffen gemacht. Auch weil beim Untergang der HOHEWEG ein Schiffsjunge aus Hooksiel den Tod

fand. Zum Glück sieht unser Alltag anders aus«, schildert der 43-jährige Vormann aus Wilhelmshaven, dessen Urgroßvater zu den Pionieren der Seenotrettung auf der ostfriesischen Insel Juist gehörte – damals, als die Männer noch in Korkwesten und Südwester in die Brandung ruderten.

Zu 50 Einsätzen rückt die VORMANN STEFFENS im Jahr aus. Einer der Schwerpunkte: Wassersport. »Somit ist es im Winter ruhiger.« Das sind die Wochen, in denen die Besatzung, von der jeden Freitag zwei Männer wechseln, mehr Zeit für Pflege und Wartung des Schiffes hat.

Sommers wie winters beginnen die Tage an Bord mit einem gemeinsamen Frühstück, zwischendrin macht jemand Kaffee und mittags kommt – wie auf allen Kreuzern an Nord- und Ostsee üblich – etwas Deftiges auf den Tisch. Punkt 12 Uhr.

Maschinist Ingo Henser kocht gerne, und die anderen hindern ihn nicht daran und lassen sich seine Gerichte schmecken. Der gebürtige Nordrhein-Westfale, der an die Küste kam, um das Fischereihandwerk zu erlernen, greift in der Kombüse aber lieber auf sein Braten-Repertoire zurück. »Fleisch muss sein!«, konstatieren seine Kollegen unisono. So wie es ihnen sonntags nach »Brathähnchen mit Pommes frites«

Die VORMANN STEFFENS hat eine Stammbesatzung von neun Mann.
Unten: Täglich um 12 Uhr mittags heißt es für die Mannschaft: »Mahlzeit!«.

verlangt, konventionell gewürzt und knusprig aus dem Backofen. Der siebte Tag in der Woche ist auch jener, an dem zum Frühstück Eier aufgeschlagen werden. Nicht zu vergessen: die Seemannssonntage, an denen die Hühnerprodukte morgens ebenfalls nicht fehlen dürfen.

Einen Speiseplan für die Woche gibt es nicht. »Wir entscheiden das spontan. Ich frage dann abends mal in die Runde, was uns der nächste Mittag bescheren sollte – und dann wird gemeinschaftlich entschieden«, erzählt Ingo Henser. Wert wird allerdings auf die Zutaten gelegt. Also lieber frisches Gemüse oder jenes aus der Tiefkühltruhe als Doseneinerlei. Im Winter ist Deftiges gefragt: Grünkohl mit Pinkel, Bauchspeck, Kassler, Mett- und Rauchenden oder Steckrübeneintopf mit nicht weniger Fleischeinlage. Heiligabend hat Fondue Tradition und ebenso an Silvester, denn über die Feiertage wechselt die Besatzung im »Woche-Woche-Rhythmus«. Das ganze Jahr über ist bei allen das sogenannte »Steuerbord-und-Backbord-Gemüse« beliebt – (grüne) Erbsen mit (roten) Möhren. In Sachen Verfeinerung gibt es allerdings schon die eine oder andere Vorliebe. »Knoblauch zum Beispiel. Und manche Kollegen mögen es auch mal extra pikant«, verrät Ingo Henser und zeigt ein Gläschen mit dem sehr scharfen Chili »Piri-Piri«, das so oft aber dann doch nicht aus dem Gewürzschrank geholt wird. Nicht aus der Kombüse wegzudenken oder vom Mittagstisch in der Messe: Senf. Kommt der eher milde Mostrich zum Einsatz, ist von »Mädchensenf« die Rede. Die schärfere Paste, die man hinlänglich dem König der Savanne zuordnet, ist jene für die echten »Jungs«. Fazit von Ingo Henser, der als Koch nie abwaschen muss: »Mit Senf kann man manches retten.«

Vormann-Steffens-Grünkohl

In einem großen Topf die Zwiebeln und 2 Scheiben gewürfelten Bauchspeck in Schweineschmalz anbraten, zum Schluss etwas Zucker einstreuen. Dann den Grünkohl hinzufügen, alles ein wenig salzen und pfeffern und mit circa ½ l Brühe auffüllen, 1 EL Senf unterrühren und anschließend das Fleisch und die Wurst dazugeben (je nach Geschmack: Bauchspeck, Kassler, Pinkel, Mett- oder Rauchenden).
Alles auf kleiner Flamme mit geschlossenem Topfdeckel ziehen lassen und die Fleischwaren nach etwa 1½ Stunden aus dem Topf nehmen. Hafergrütze in den Grünkohl geben und ihn noch einmal etwa 1 Stunde auf kleiner Flamme weiter köcheln lassen – ist der Kohl zu flüssig, mit Haferflocken andicken. Fertig!

Zum Grünkohl werden Salzkartoffeln gereicht. Schmeckt besonders gut aufgewärmt – und auch in Kombination mit Bratkartoffeln.

Pfundstopf

Für 6 Personen oder 4 Seenotretter

1 kg Hackfleisch (halb und halb)
500 g Kassler
500 g Schweinebraten
500 g grüne Paprika
250 g Zwiebeln
Zigeunersoße
2 Becher Sahne
2 Eier

Tipp *Dazu schmecken Kartoffeln oder aber auch Brot.*

Das Hackfleisch mit Salz und Pfeffer würzen, mit Zwiebeln und Eiern mischen und daraus kleine Bällchen formen; den Kassler, das Schweinefleisch sowie die klein geschnittenen Paprika und Zwiebeln in einen großen Bräter geben; danach die Sahne und die Zigeunersoße über die Fleischzutaten gießen und den »Pfundstopf« bei circa 200 °C etwa 1½ Stunden garen lassen. Gelegentlich umrühren!

Chili con carne

Für 6 Personen oder 4 Seenotretter

500 g Gehacktes
3 rote und 3 grüne Paprika
3 Zwiebeln
3 Chilischoten/Peperoni
2 kleine Dosen Chilibohnen
3 kleine Dosen Kidneybohnen
1 kleine Dose Tomaten
Paprikapulver, Chili, Pfeffer, Salz

Das Hackfleisch anbraten, die klein geschnittenen Zwiebeln, die klein geschnittenen Paprika und die zerkleinerten Chilischoten hinzufügen und alles etwa 20 Min. andünsten. Dann die Chilibohnen, die Kidneybohnen und die Tomaten hinzugeben und alles mit Paprikapulver, Chili, Pfeffer und Salz abschmecken und noch ein wenig köcheln lassen.

Tipp *Dazu Reis servieren.*

Huhn auf Gemüse-Curry

2 Brathähnchen
2 Pakete Reis à 125 Gramm
2 Dosen Champignons
1 Dose Mais
1 Dose Erbsen
1 Dose Wurzeln
2 Paprikaschoten
2 Gemüsezwiebeln
5–6 TL Curry
2 TL edelsüßes Paprikapulver
1 TL Salz
1 TL Distelöl
3 »Blubb« Curry-Ketchup

Die Hähnchen mit Öl, Salz und dem Paprikapulver einreiben und im Backofen bei 200 °C circa 1 Stunde braten und dann herausnehmen. Die klein geschnittenen Paprikaschoten und die Gemüsezwiebeln in den Hähnchensud geben und darin andünsten, dann das Currypulver, den Ketchup und auch das restliche Gemüse hinzufügen und alles noch einmal etwa 10 Min. dünsten. Zum Schluss die Hähnchen zerteilen, die Stücke auf das Gemüse geben und wiederum 20 Min. im Backofen garen. In der Zwischenzeit den Reis kochen.

Feta-Kartoffelgratin

Für 6 Personen oder 4 Seenotretter
1 kg Kartoffeln
200 g Sahne
200 g Fetakäse
150 g Crème fraîche
200 g gekochter Schinken
2 Eier
2 Zwiebeln
2 EL Sonnenblumenöl
1 Knoblauchzehe
1 EL Butter
Salz, Pfeffer, Muskatnuss
Paprikapulver
frische Petersilie

Die Zwiebeln würfeln und in dem Öl glasig dünsten. Den in Würfel geschnittenen Schinken hinzufügen und kurz mit anbraten. Währenddessen die Knoblauchzehe schälen, halbieren und damit eine gefettete Auflaufform einreiben. Die Kartoffeln schälen und in feine Scheiben schneiden.

In der Zwischenzeit den Backofen auf 200 °C vorheizen. Die Kartoffeln, die Hälfte vom Feta (vorher zerbröseln) und die Schinken-Zwiebel-Mischung nacheinander in die Form schichten und dabei mit Salz und Pfeffer würzen. Die Sahne mit der anderen Hälfte vom Fetakäse (ebenfalls zuvor zerkleinern) pürieren und anschließend die Crème fraîche und die Eier unterrühren. Die Masse mit Salz, Pfeffer, Muskatnuss und Paprikapulver abschmecken und über den Auflauf gießen, der danach 45 Min. im Backofen garen muss.

Tipp *Für die Optik: Frische Petersilie hacken und über den Auflauf geben.*

Helgoland – »Havarietoast« auf die Schnelle

Helgoland ist eine Insel für sich. Zwischen dem Nordsee-Eiland und dem Festland liegen vierzig Kilometer, und somit verdient Helgoland die Auszeichnung, jene Insel zu sein, die am weitesten von Deutschland entfernt liegt. Auch ist sie Ziel für jene Leute, die gerne günstig einkaufen, denn das Eiland in der Deutschen Bucht gehört weder zum Zollgebiet der Europäischen Union noch zum deutschen Steuergebiet. Das sind nur zwei Besonderheiten, die Helgoland-Liebhaber sicher spontan mit anderen insularen Vorzügen ergänzen würden.

Wer sich in der Flotte der Deutschen Gesellschaft zur Rettung Schiffbrüchiger auskennt, weiß, dass Helgoland überdies mit einem großen Kreuzer aufwarten kann: Auf der 1,7 Quadratkilometer großen Hochseeinsel, die rund 1.300 Leuten ein Zuhause bietet, ist auch die HERMANN MARWEDE, das Flaggschiff der »Gesellschaft«, zu Hause. Der Kreuzer der 46-Meter-Klasse ist der einzige in dieser Größenordnung, der unter dem roten Hansekreuz fährt. Dass dieses Schiff die Leistungsfähigkeit der DGzRS in besonderem Maße repräsentiert, kam im Mai 2005 zum Ausdruck, als die HERMANN MARWEDE anlässlich der Fachtagung des »Maritime Safety Committees« der Vereinten Nationen in London vorgestellt wurde und dabei äußerst fotogen die Londoner Tower Bridge passierte. Kein alltäglicher Törn, der den Besatzungsmitgliedern noch gut in Erinnerung ist.

Der Seenotkreuzer HERMANN MARWEDE ist auf Helgoland stationiert. Ein Mal in der Woche ist das Schiff in Cuxhaven – zur Teamablöse und um Proviant zu bunkern.

16 Mann gehören zur Stammbesatzung der MAR-
WEDE, deren Indienststellung acht Jahre zurückliegt.
»Unsere Besatzungsmitglieder sind im ganzen Norden
beheimatet«, erzählt Vormann Dirk Sellmann, der das
Fischereihandwerk erlernt hat, bevor er zur »Gesellschaft« kam. Sechs bis acht Seenotretter sind ständig
an Bord und wechseln sich im 14-tägigen Rhythmus
mit ihren Kollegen ab. Da das Einsatzgebiet groß und
das Revier stark von der Großschifffahrt frequentiert
wird, ist die Kommandobrücke des großen Kreuzers
rund um die Uhr mit einem Wachhabenden besetzt.
»Und das muss sein. Die Zahl unserer Einsätze
spricht für sich. So war faktisch im Jahr 2010 in der
Deutschen Bucht sehr viel und mehr als sonst los«,
betont der Vormann.

Teamablöse ist immer dienstags und immer in
Cuxhaven. Ist die See ruhig und kommen von der
Seenotleitung in Bremen keine Meldungen, dauert
die Überfahrt »nach Deutschland« an solchen Tagen
etwa zwei bis zweieinhalb Stunden. »Wenn wir, was
häufig vorkommt, einen Kranken transportieren müssen, sind wir natürlich schneller unterwegs. Dann
lassen wir alle drei Maschinen laufen und dampfen
mit 9.250 Pferdestärken über die See«, berichtet Dirk
Sellmann. Der Dienstag ist auch jener Tag, an dem
auf dem Festland der Proviant für die Woche gebunkert
wird und an dem aufgrund des Crewwechsels nur eine
»schnelle Suppe« oder eine »fixe Nudelmahlzeit« in
der Kombüse aufgewärmt wird. Diese Gerichte werden am Vorabend auf Helgoland vorbereitet, dann,
wenn auch gemeinschaftlich der Speiseplan für die
Woche und eine entsprechende Einkaufsliste festgelegt wird. Es sind vor allem die frischen Zutaten, die
wöchentlich an Bord gebracht werden.

Da die HERMANN MARWEDE über eine begehbare
Proviantlast mit allerlei Grundnahrungsmitteln und
über zwei stattliche Tiefkühlschränke verfügt, muss
der jeweilige Kombüsenchef nicht fürchten, dass ihm
so schnell die essbaren Mittel ausgehen. »Jeder von
uns kocht gut und gerne«, attestiert Vormann Sellmann
seinen Kollegen. Ist allerdings Jens Petersen an Bord,
dann ist es obligatorisch, dass er für beide Wochen in der
Kombüse anzutreffen ist. So wie es auf der MARWEDE

Vormann Dirk Sellmann in der Messe des Seenotkreuzers,
dessen Kommandobrücke rund um die Uhr besetzt ist.

»kulinarische Regularien« gibt, an denen kaum gerüt-
telt wird: freitags ist Fischtag (zumeist Dorschfilet und
von Helgoland); samstags gibt es Pfannkuchen – allerdings mit wechselnden süßen Applikationen (Apfel-
mus, Kirschen, Pflaumen); donnerstags (seemannssonntags) und sonntags darf nach dem Essen das
Dessert nicht fehlen, so wie es auch an den Sonntagen Frühstückseier geben muss. Samstags wird (statt
Pfannkuchen) hin und wieder auch mal ein rasches
»Havarietoast« (Hawaiitoast) zubereitet, denn das ist
der Tag, an dem die HERMANN MARWEDE auf Hochglanz
gebracht wird und wenig Zeit für das Mittagessen
bleibt. Dafür gibt es dann am Abend etwas »Deftiges«.
Zum Beispiel »Huhn auf Dose« – eine Kreation von
Marcel Zwoch, bei der das Hühnchenfleisch zwar un-
gewöhnlich gegart wird, dafür aber hernach umso
zarter genossen werden kann.

Einer, der ebenfalls mit Leidenschaft als »Herr
der beiden Herde« fungiert und deshalb sieben von
14 Diensttagen in der Kombüse steht, ist Kai-Peter
Fischer. Seit fünf Jahren kocht der Hamburger für
die Besatzung, vorher war er »Freiwilliger« auf der

WILHELM KAISEN, das Vorgängerschiff der HERMANN MARWEDE. »Es war in der ersten Zeit für mich eine große Herausforderung, mich auf die Mengen einzustellen, die man für eine hungrige Besatzung in dieser Größenordnung braucht«, schmunzelt der gelernte Rettungssanitäter. »Auch ist es jedes Mal wieder spannend, es so hinzubekommen, dass die Speisen gleichzeitig fertig werden und pünktlich auf dem Tisch stehen.«

Wenn es freitags Fisch gibt, muss dazu, wenn denn Fischer an Bord ist, auch sein selbst gemachter Kartoffelsalat nach dem Rezept seiner Mutter serviert werden. »Wenn ich den Salat nicht mache, gibt es Meuterei auf der MARWEDE!« Gegessen wird immer um 12 Uhr. »Also außerhalb der gesetzlichen Rettungszeiten«, schmunzelt Vormann Dirk Sellmann.

Die HERMANN MARWEDE ist zweifelsohne das Flaggschiff der Deutschen Gesellschaft zur Rettung Schiffbrüchiger.

Entsprechend großzügig erscheint auch die Kombüse – das Refugium von Kai-Peter Fischer, wenn er an Bord ist (rechts oben). Der Hamburger weiß, was seinen Kollegen schmeckt. Mit der Zeit hat er es auch gelernt, angemessene Portionen anzubieten – Meuterei wegen Hungers gab es zumindest noch nicht, so der »Herr der beiden Herde«.

Huhn auf Dose

1 frisches Huhn (für 2 Seenotretter)
1 Getränkedose (½ l)
Rotwein
2 Knoblauchzehen
Salz, Pfefferkörner
Hähnchengewürz

Das gewaschene Huhn von außen mit den Gewürzen einreiben. In eine leere Getränkedose, von der man zuvor den Deckel abgeschnitten hat, 1 Tasse Rotwein, die gehackten Knoblauchzehen sowie Salz und Pfefferkörner geben. Das Huhn auf die Dose setzen – und zwar so, dass es luftdicht abschließt. Das Huhn samt Dose auf ein Backblech stellen und im vorgeheizten Backofen bei 170 °C etwa 1 Stunde garen.

Tipp *Der Inhalt der Dose kann danach noch mit etwas Wasser, Sahne und Soßenbinder zu einer Soße angerührt werden.*

Zuchthauspralinen nach Art des Hauses

Für 10 Personen oder 8 Seenotretter
2 ½ kg Hackfleisch
3 mittelgroße Zwiebeln
3 Eier
1 Glas Fetawürfel
Hackfleischgewürzsalz
Paniermehl

Das Hackfleisch mit den Eiern, den fein gehackten Zwiebeln und etwas Paniermehl vermengen und das Ganze mit Gewürzsalz abschmecken. Aus dem Hack Bällchen formen, je einen Fetawürfel hineindrücken, die Kugeln danach flach drücken und vor dem Braten noch mal in Paniermehl wälzen.
Beilagen: nach Belieben.

Mutters Kartoffelsalat

8–10 große Kartoffeln
1 Glas Salatcreme
1 Glas Delikatess-Mayonnaise
2 mittelgroße Zwiebeln
5 hart gekochte Eier
1 Glas saure Gurken
(am besten Gurkensticks)
1 Zitrone
Pfeffer, Salz, Zucker

Die Kartoffeln schälen und in Salzwasser kochen, bis sie gar, aber nicht zu weich sind. Das Wasser abgießen und Kartoffeln etwas abkühlen lassen; indessen die Zwiebeln in kleine Würfel schneiden, in eine Schüssel geben und mit etwas kochendem Wasser übergießen, damit sie weich werden. In die Flüssigkeit den Saft einer Zitrone mischen und mit einer Prise Salz, etwas Pfeffer und circa 1 EL Zucker abschmecken – die »Tunke« sollte süßsauer schmecken.

Die Kartoffeln in Scheiben schneiden, in die Schüssel geben und mit der Flüssigkeit durchmischen. Die Salatcreme und die Mayonnaise sowie die in Würfel geschnittenen Eier und Gurkensticks hinzufügen und alles gut vermischen. Anschließend den Salat kalt stellen und 2–3 Stunden durchziehen lassen, dann noch mal durchmischen und servieren.

Bremerhaven – Fünf Sterne am Eingang zur Kombüse

Bremerhaven ist die einzige deutsche Großstadt mit direktem Wasseranschluss: Die Nordsee schwappt gewissermaßen bis an die Türen dieser Hafenstadt, die zu den größten Europas gehört und mit der Stadt Bremen das Land »Freie Hansestadt Bremen« bildet. Kein Wunder also, dass auch dort die Geschichte der Seenotrettung früh begann. Nachdem 1861 in Emden der erste deutsche Verein zur Rettung Schiffbrüchiger entstanden war, gründete sich am 16. April 1863 der »Bremische Verein zur Rettung Schiffbrüchiger« und richtete noch im selben Jahr die Station Bremerhaven ein. Als sich 1865 die Deutsche Gesellschaft zur Rettung Schiffbrüchiger gründete, wurde Bremen ihr Sitz und der Bremer Kaufmann und Gründer des Norddeutschen Lloyd,

Konsul Hermann Heinrich Meier, ihr Vorsitzender. Der Name ist bis heute ein Begriff in Bremerhaven, wenn es um die Gesellschaft mit dem roten Hansekreuz geht – allerdings seit 1996 wohl eher als Meyer mit »ey«, denn seither ist der Seenotkreuzer HERMANN RUDOLF MEYER, benannt nach dem Bremer Zeitungsverleger, im Hafen stationiert.

Zur Stammbesatzung des Kreuzers, der seit Oktober 2008 beim Lotsengebäude im Alten Vorhafen zu finden ist, gehören neun Mann; jeweils vier absolvieren eine 14-Tage-Wache. Vormann ist Ulrich Fader, ein Schwabe, den es der Seefahrt wegen an die Nordsee verschlagen hat. Seit 27 Jahren ist er auf der Station Bremerhaven aktiv und wird in Sachen Zugehörigkeit nur von einem in der Crew getoppt: Siegbert Schuster, der 1978 aus der DDR ausgebürgert worden war, kam zu Besuch an Bord und gehörte drei Tage später zur Mannschaft – ein glücklicher Zufall, so Schuster, der den Besatzungsmitgliedern seither so manches thüringische Rezept beschert. Siegbert Schuster kocht gerne. Und die anderen lassen das ebenso gerne zu.

Was die Woche über in den Topf kommt, legt die jeweilige Besatzung freitags fest, am Tag des Wachwechsels. Der Speiseplan findet hernach seinen Platz am Pinnbrett in der Kombüse. »Ich koche am liebsten die Woche durch, damit ich die entsprechenden Zutaten da habe«, erzählt Siegbert Schuster. Was fehlt, ist allerdings schnell besorgt. Die nächsten Geschäfte sind nur ein paar Minuten zu Fuß entfernt, was auch den Gang zum Bäcker ermöglicht. Frische Brötchen müssen morgens sein. So wie jeder an Bord auf ein »tägliches Ei« besteht.

Das klingt nach »pflegeleicht«, wäre da nicht der vormittägliche Kaffeeritus, bei dem auch Tee getrunken wird. Exakt drei Minuten schnurrt die Eieruhr

Der Winter hat den Bremerhavener Seenotkreuzer HERMANN RUDOLF MEYER fest im Griff. Dennoch: Das Schiff ist auch in eisigen Zeiten rund um die Uhr einsatzbereit, die Motoren warm. In der »Fünf-Sterne-Kombüse« bereitet Siegbert Schuster eine Suppe vor, die nicht zuletzt ob ihres Currygehaltes von innen wärmt.

und zieht der schwarze Tee von Vormann Fader, der dann – so gar nicht norddeutsch – mit einer Scheibe Zitrone und Orangenblütenhonig genossen wird. Apropos Genuss: Lässt man sich vom Eingang zur Kombüse beeindrucken, so muss man annehmen, dass dort nur exquisite Speisen zubereitet werden. Fünf glänzende Sterne mit den Aufschriften »Fisch«, »Geflügel«, »Rind«, »Wild« und »Schwein« prangen am Türrahmen. »Wir legen eben Wert auf gutes Essen«, schmunzelt Vormann Fader, und die Kollegen nicken. Auch ist man in Sachen »mögen« ein eingespieltes Team – es sei denn, es geht um »Spinat« und »Leber«.

So wie sich manche Mahlzeiten über die Jahre bewährt haben, so werden andere nach überzeugender Darbietung in das Kombüsen-Repertoire übernommen. Ist die HERMANN RUDOLF MEYER beispielsweise als Ablöse für die HERMANN MARWEDE auf Helgoland eingeteilt, so gibt es nach der Ankunft auf der Insel traditionsgemäß »Rote Bohnen mit Speck«. »Zugegeben, ein deftiges Frühstück. Aber wir sind dann ja auch schon seit dem frühen Morgen auf See«, meint Siegbert Schuster mit einem Augenzwinkern. Sind die Vorräte tatsächlich mal erschöpft oder gibt es passende Reste, wird die »HERMANN-RUDOLF-MEYER-Suppe« zubereitet, in der sich alles wiederfinden kann. Auch etwas für die schnellen Momente an Bord: »Spaghetti

carbonara« (auch genannt »Spaghetti-Karbon-Ara« oder »Spaghetti-Kohle-Papagei«). Ist dagegen Zeit vorhanden und droht kein Sturm mit Einsatz, so sind neue Rezepte willkommen. »Jeder von uns hat die Chance, sich einzubringen«, versichert Ulrich Fader, der früher einen Jäger zum Nachbarn hatte und sich seither als »Wildspezialist« einordnet. Besatzungsmitglied Dirk Wilke fängt im Nebenerwerb Fisch und kann ihn dementsprechend schmackhaft zubereiten. Und auch die ortsansässigen Kutterkapitäne zeigen sich hin und wieder erkenntlich. »Es ist schon vorgekommen, dass wir nach einer Kutterrettung stundenlang mit Krabbenpulen beschäftigt waren«, verrät der Vormann.

Hat jemand Geburtstag an Bord und Stev Klöckner Dienst, bekommt der Jubilar von ihm eine repräsentative »Fischtorte« mit Lachs und Shrimps. Dass Fisch regelmäßig auf der Speisekarte steht, hat also nicht allein mit dem Wappen Bremerhavens zu tun, in dem ein silberner Flossenträger auf die Bedeutung als Fischereistandort aufmerksam macht. Und dass sich im Bordbuch des Kreuzers eine Geschichte findet, in der ein Meerestier eine ebenso große wie tragende Rolle spielte, hat wiederum einen ganz anderen Hintergrund: Vor einigen Jahren musste die Besatzung der HERMANN RUDOLF MEYER einen dreißig Tonnen schweren und 15 Meter langen Wal an den

Haken nehmen, der in einem Seitenarm der Weser
gestrandet und verendet war. »Bei der zuständigen
Behörde war niemand zu erreichen, und weil der Wal
ins Fahrwasser zu treiben drohte, haben wir ihn in
den Hafen geschleppt. Das war eine spektakuläre
Aktion. Das Tier wurde über Tage am Pier zerlegt.
Das Skelett ist im ›Deutschen Schiffahrtsmuseum‹
ausgestellt«, erzählt Ulrich Fader. So einmalig wie
sich diese Episode liest, so allgegenwärtig ist die Einsatzbereitschaft der Besatzung, die besonders in den
Wassersportmonaten gefordert ist. »Wir sind ständig
auf Empfang. Und wenn wir unseren Kreuzernamen
hören, dann ist es meistens ernst.«

Links: Die Mannschaft ist auch in Sachen »Speisekarte«
ein eingespieltes Team, versichert Vormann Ulrich Fader
(Bildmitte). Es sei denn, es geht um »Leber« oder »Spinat«.

Unten: Der Seenotkreuzer mit dem Seerufzeichen »DBAC«
hat seinen Liegeplatz im Alten Vorhafen.

Fischsuppe

1 kg Fisch (z. B. Seelachs, Schellfisch,
Rotbarsch
oder Kabeljau)
200 g Krabbenfleisch
1 Paket Spaghetti
1 Becher Crème fraîche
4 Päckchen TK-Suppengrün
4 TL Butter
8 Tomaten
1 l Instantgemüsebrühe
2 Lorbeerblätter
1 Päckchen Orangenschale
Curry, Cayennepfeffer,
Dill, Knoblauchsalz

Das Suppengrün in Butter anrösten und mit 1 l Instant-gemüsebrühe ablöschen; das Ganze mit Currypulver, den Lorbeerblättern, der Orangenschale und Cayenne-pfeffer würzen und kurz kochen lassen. Das Fischfilet in Stücke schneiden und mit den Spaghetti und den zerkleinerten Tomaten in die Suppe geben. Alles etwa 8 Min. garen lassen, dann die Krabben und die Crème fraîche hinzufügen, die Suppe nochmals etwas auf dem Herd ziehen lassen und zum Schluss mit Dill und etwas Knoblauchsalz abschmecken.

Fischtorte mit Lachs und Shrimps

Für 6 Personen oder 4 Seenotretter
1 kg Shrimps
6 hart gekochte Eier
100 g Räucherlachs
100 ml Crème fraîche
100 g Mayonnaise light
1 TL Senf
1 TL Honig
15 Scheiben Toastbrot
Schnittlauch, Dill, Salz, Pfeffer

Für die Garnierung:
100 ml Crème fraîche
200 g Mayonnaise light
100 g Schmand
6 ganze Shrimps
etwas Räucherlachs
1 Schlangengurke
2 Zitronen

Die Shrimps anbraten. Die hart gekochten Eier und den Räucherlachs klein schneiden und mit den Shrimps, der Crème fraîche, der Mayonnaise, dem Honig, dem Senf sowie mit etwas Schnittlauch und Dill vermengen. Alles mit Salz und Pfeffer abschmecken.

Die Toastbrotscheiben und die Shrimps-Füllung abwechselnd in eine Springform schichten, danach den Außenring der Form abnehmen und die Garnierung aufbringen.

Für die Garnierung die Crème fraîche, die Mayonnaise und den Schmand verrühren und die Torte damit bestreichen. Die Torte zum Schluss mit den ganzen Shrimps, ein paar Lachsröllchen, Gurkenscheiben und Zitronenstückchen verzieren und für 3 Stunden in den Kühlschrank stellen.

Wildschweinrolle

Für 6 Personen oder 4 Seenotretter
500 g Wildschweinbraten
Pökelsalz
Knoblauch, -Salz, Pfeffer
200 g magerer Speck
3 EL saure Sahne oder Schmand
½ Tasse Weißwein

Tipp *Als Beilage eignen sich Spargel, Wachsbohnen oder Rotkohl.*

Das Fleisch mit Pökelsalz und einer Prise Pfeffer bestreuen. Je nach Bedarf mit wenig Knoblauchsalz würzen. Beim Bestreuen Stück für Stück mit Pfeffer bestreuen und mit wenig magerem Speck belegen, anschließend mit einer Schnur umwickeln. Einen Tag lang mit einem Lorbeerblatt in Buttermilch einlegen. Bei 200–225 °C ca. 1–1½ Stunden abbacken, dabei verliert die Rolle ca. 30–40% ihres Gewichtes.

In regelmäßigen Abständen mit dem Bratenfett übergießen, in den letzten 20 Min. so viel davon wie möglich abschöpfen. Mit ½ l Wasser ablöschen und noch 10 Min. garen lassen.

Soße je nach Geschmack zubereiten, z.B.: ½ Tasse Weißwein, 3 EL saure Sahne oder Schmand, anschließend leicht andicken.

HERMANN HELMS
DIE SEENOTRETTER
DGzRS

Cuxhaven – Kein Seemannssonntag ohne Ei

Die Elbe vor Cuxhaven ist die meistbefahrene Schifffahrtsstraße der Welt. Rund fünfzigtausend Seeschiffe passieren Cuxhaven jährlich. Hinzu kommen circa hunderttausend Sportboote und Fischereifahrzeuge, die von hier nach dort unterwegs sind.

Dass in diesem bewegten Revier so manches passiert, was kein Kapitän später gerne in sein Logbuch schreiben möchte, versteht sich von selbst. Jörg Bünting ist seit 25 Jahren Vormann auf dem Seenotrettungskreuzer HERMANN HELMS und fasst solche Fälle auf seine ihm eigene Art zusammen. »Die Einsätze auf der Elbe sind immer besonders. Außerdem ist jeder Einsatz wieder anders als der vorherige und jeder wird von uns ernst genommen«, schildert der 64-jährige Ostfriese. Bis zu siebzig Mal rückt der Kreuzer mit dem Seerufzeichen »DBAM« im Jahr aus. »Wir sind oft der ›Rettungswagen zur See‹, denn wir machen übers Jahr etliche Krankentransporte«, so Bünting. Mal bricht ein Kutterkapitän

auf See zusammen und muss nach der ersten Notversorgung zur Weiterbehandlung in den Hafen gebracht werden, ein anderes Mal wird aus medizinischen Gründen ein Besatzungsmitglied eines Containerschiffes abgeborgen. »Spektakulär ist das immer – für die Betroffenen sind das nämlich Ausnahmefälle. Die sind dann froh, dass sie sich auf uns verlassen können. Und dass bei uns jeder Handgriff sitzt.« Diese verbindliche Einsatzbereitschaft ist seit Gründung der Deutschen Gesellschaft zur Rettung Schiffbrüchiger Motor der Seenotrettung – und somit auf der 24-Stunden-Tagesordnung der gesamten Flotte. Auch deshalb hat der kleine Aufkleber auf der Tür, die in den Maschinenraum der HERMANN HELMS hinunterführt, eine so große Aussagekraft: »Ohne Antrieb geht nichts« versichert er dem Unkundigen. Und tatsächlich: Drei Propeller mit zusammen 3.194 Pferdestärken haben dort unten ihren Platz und geben dem Kreuzer 23 Knoten vor, wenn der Vormann »volle Kraft voraus« will.

Der Seenotkreuzer HERMANN HELMS ist seit 1985 in Cuxhaven stationiert. Jörg Bünting, der seither Vormann auf dem Schiff ist, zählt zu den Originalen bei der Deutschen Gesellschaft zur Rettung Schiffbrüchiger.

Kreuzer-Begegnung an einem trüben Mittag: Die HERMANN MARWEDE ist auf dem Rückweg nach Helgoland und passiert die HERMANN HELMS, die im Fährhafen liegt.

Doch oft ist als Einsatztugend auch Beharrlichkeit gefragt. Vormann Jörg Bünting erinnert sich beispielsweise besonders an jenen Tag, an dem er und seine Besatzung gerufen wurden, um einer Reitergruppe zu helfen, die sich von Sahlenburg übers Watt zur Insel Neuwerk aufgemacht hatte und von der auflaufenden Flut überrascht worden war. Als bei der Rettungsaktion eines der Pferde durchging und in Panik ins tiefe Wasser lief, gelang es Jörg Bünting, der sich dem Tier im Schlauchboot genähert hatte, nur mit größter Mühe, den indessen völlig erschöpften Vierbeiner zur Umkehr zu bewegen. Was ihm dabei zugute kam, war nicht zuletzt sein Gespür für Pferde, denn zu Hause in Spekendorf (bei Aurich) hält er sich selber einige Exemplare, mit denen er gerne durchs Dorf kutschiert. »Alles ist glimpflich verlaufen. Aber noch nie vorher oder nachher hat die Presse so ausführlich über einen Einsatz unserer Station berichtet«, schmunzelt der Ostfriese. »Ich weiß gar nicht, wie oft ich diese Pferdegeschichte – auch vor laufenden Kameras – wiederholen musste.«

Torsten Brumshagen bereitet seine Spezialität vor: Matjessalat. Routiniert zerkleinert der Steuermann die Zutaten – nicht weniger gelassen ist die Mannschaft kurz darauf bei Tisch dabei, die Kartoffeln zu pellen.

Doch das ist nicht der einzige »tierische« Eintrag, den man in den Einsatztagebüchern der HERMANN HELMS finden kann. Hinter der ebenso kurzen wie kuriosen Notiz »Fuchs vor Cux. gerettet. Alle Beteiligten wohlauf.« verbirgt sich die Hilfeleistung für einen Meister Reineke, der im Baumrönne-Hafen auf einem Schwimmfender trieb. Als der triefendnasse Rotpelz – mit Hilfe des HELMS-Tochterbootes BIENE und der Cuxhavener Feuerwehr – schließlich aus der eiskalten Nordsee gefischt werden konnte und an Land abgesetzt wurde, soll er ohne ein (dankendes) Knurren verschwunden sein.

Damit im Ernstfall im Nu alles an Bord bereit ist, folgt die Stammbesatzung der HERMANN HELMS – wie andernorts auf den Stationen – einer gewissen Routine, die unerlässlich ist. Dazu gehört nach dem gemeinsamen Frühstück ein morgendlicher »Check-up« – denn jedes der vier Besatzungsmitglieder hat seine Aufgabe. Dazu gehört selbstverständlich auch die Wartung. »Die HELMS ist 25 Jahre alt, aber in einem tadellosen Zustand«, sagt Jörg Bünting und will den Stolz auf »seinen« Kreuzer nicht verbergen, dessen Vormann er seit der Indienststellung ist. Aber auch das Saubermachen (»... unser Staubsauger hat die meisten Betriebsstunden an Bord ...«) und der Kombüsendienst wollen geregelt sein.

»Wer kochen mag, wird nicht daran gehindert. Und wer meckert, ist beim nächsten Mal dran mit Kochen«, erzählt Steuermann Torsten Brumshagen aus Mecklenburg-Vorpommern, der sich gerne um das kümmert, was um 12 Uhr mittags auf den Tisch kommt. Weil er weiß, dass seine Kollegen Wert auf Geschmack und Qualität legen und ein gutes Essen der Gemeinschaft förderlich ist, macht Brumshagen, der seit sechs Jahren alle 14 Tage auf der HERMANN HELMS arbeitet und lebt, keine Kompromisse. Auch ein Muss: die geschmackliche Verfeinerung mittels Kräutern und Co. Und: Was in die Pfanne oder in den Topf kommt, sollte frisch sein. »Und das gilt für alle Tage.« So wie es an den seemännischen und an den christlichen Sonntagen Gültigkeit hat, dass es traditionsgemäß ein Ei für jeden gibt.

Torstens Matjessalat

2–3 Pakete Matjes in Öl
je 1 rote, gelbe und
grüne Paprikaschote
1–2 Zwiebeln
¾ Glas Gewürzgurken
2 EL Senfkörner
6–8 Kügelchen Piment
6–8 Wacholderbeeren
3–4 Lorbeerblätter
5 Knoblauchzehen
bunter Pfeffer

Für den Quark:
1–2 Pakete Quark
1–2 gehackte Zwiebeln
Salz, Pfeffer
eventuell Kräuter

Die Paprikaschoten und Gewürzgurken würfeln. Anschließend die Zwiebeln grob zerschneiden und die Knoblauchzehen hacken. Die Matjes klein schneiden, dann alle Zutaten miteinander vermengen und die Senfkörner, den Piment, die Wacholderbeeren und die Lorbeerblätter unterheben. Den Salat abschließend mit buntem Pfeffer würzen – fertig! Am besten schmeckt der Heringssalat, wenn er zuvor einige Stunden durchziehen kann.

Als Beilage sind Pellkartoffeln und verfeinerter Quark zu empfehlen.

Den Quark dafür mit gehackten Zwiebeln, Salz und Pfeffer abschmecken. Noch ein Tipp: Wer keine Matjes mag, kann die Pellkartoffeln und den Quark mit aufgeschnittener Leberwurst kombinieren (ein Gericht aus der mecklenburgischen Küche).

Hackauflauf

1½ kg Hackfleisch
(halb und halb)
1 kg Gouda
3–4 Zwiebeln
1 kleine Dose Erbsen
1 Glas Tomatenpaprika
1 große Dose Champignons
1 Flasche Zigeunersauce
1 Becher Schlagsahne
Salz, Pfeffer

Den Käse würfeln; die Zwiebeln, die Tomatenpaprika und die Champignons klein schneiden und dann alle (!) Zutaten miteinander vermengen. Das Ganze mit Salz und Pfeffer abschmecken und in 2 Auflaufformen verteilen.

Circa 1 Stunde bei 180 °C garen und 10 Min. vor Ablauf der Zeit einen Becher Sahne über den Auflauf geben.

Tipp *Dazu schmecken frische Brötchen.*

Büsum – Burrmanns kulinarische Erinnerung

Für einige wenige mag es zu viel Küstenkitsch sein, für viele andere ist es das höchste aller maritimen Gefühle: ein Spaziergang durch den Büsumer Hafen, in dem immer eine frische Brise von See weht und Dutzende farbenfrohe Fangschiffe paradieren. Das tägliche Abenteuer vom Fischfang fasziniert jene Flaneure ebenso wie die Vorstellung, was die von Wind und Wetter gegerbten Männer mit ihren Kuttern anlanden mögen. Danach liest man die Speisekarten in den Auslagen der zahlreichen Büsumer Gastronomiebetriebe mit anderen Augen.

So wie die meisten der Urlauber die Grünstrände des Nordsee-Heilbades auch deshalb gerne wieder aufsuchen, weil man dort einen freien Blick auf Deutschlands jüngstes Weltnaturerbe hat: den Nationalpark Wattenmeer. Diesen Panoramablick haben auch die Seeleute der Deutschen Gesellschaft zur Rettung Schiffbrüchiger – zumindest jene, die im obersten Stock des Stationsgebäudes dem Kombüsendienst nachgehen. Da das alte Schleusenhaus, das die Retter nach dessen Sanierung im Jahre 2008 bezogen haben, den Deich überragt, hat man im Westen

Die Kutterflotte der Krabbenfischer prägt den Hafen von Büsum. Dort, wo die Fahne mit dem roten Hansekreuz weht, ist die DGzRS stationiert. Der neue Seenotkreuzer, der mit einem Arbeitstochterboot ausgestattet ist, hat noch keinen Namen.

Fabian Burrmann im Fahrstand des neuen Kreuzers, der über 1.660 PS verfügt und sich besonders für Einsätze im küstennahen Bereich eignet.

das Wattenmeer im Blick und ostwärts das Treiben im quirligen Hafen. Und hier ist viel los. Fakt ist: Büsum ist nach Brunsbüttel der zweitgrößte Hafen an der schleswig-holsteinischen Nordseeküste. Freizeitskipper nutzen den günstigen Gezeitenstrom »Piep«, um im Hafen anzulegen. Touristen machen sich besonders in den Sommermonaten per Ausflugsschiff auf den Weg nach Helgoland. So kam es im Jahr 1994 auch zu einer Havarie, an die sich mancher Büsumer erinnern kann: Ein Seebäderschiff rammte den DGzRS-Kreuzer FRITZ BEHRENS an seinem Liegeplatz, seinerzeit für die Gesellschaft auf Station, und beschädigte ihn schwer. »Zu Schaden kam zum Glück keiner«, resümiert Vormann Olaf Burrmann, »der Besatzung gelang es rechtzeitig, von Bord zu kommen!«

Bereits anno 1868 war in Büsum ein Schiff der DGzRS beheimatet: Seinerzeit lief die BÜSUM, das älteste Segelboot der »Gesellschaft«, aus, wenn draußen auf See jemand in Not geraten war. Heute, 143 Jahre später, kann die Station mit einem unlängst fertiggestellten Kreuzer der 20-Meter-Klasse aufwarten – seine Schwesterschiffe EUGEN und EISWETTE sind auf der Greifswalder Oie beziehungsweise in Nordstrand stationiert. Die HANS HACKMACK, die 14 Jahre in Büsum beheimatet war, wechselte nach Grömitz. Der neue Büsumer Kreuzer ist 22 Knoten schnell und eignet sich ob seines Tiefgangs von 1,30 Meter besonders für den Einsatz im küstennahen Bereich mit geringen Wassertiefen. Für Vormann Olaf Burrmann und die achtköpfige Stammbesatzung stellt das neue Schiff eine Herausforderung dar, der sich die bewährten

Seenotkreuzer SK 33 (Name zum Drucktermin n.a.)
Länge: 19,90 m, Breite: 5,05 m
Tiefgang: 1,30 m
Geschwindigkeit: 22 Knoten
Arbeitstochterboot zum Drucktermin n.a.
Geschwindigkeit: 30 Knoten
Geschwindigkeit: 17 Knoten

Seenotretter gerne stellen wollen. »Was zählt, ist unsere Erfahrung«, betont Burrmann, der seit 24 Jahren in Büsum im Einsatz ist und das Revier wie seine Rettungsweste kennt.

Da das Schiff als reines Einsatzfahrzeug konzipiert ist, gibt es an Bord nur eine kleine Kombüse und Ruheplätze, die der Besatzung im Bedarfsfall zur Verfügung stehen. Drei Seenotretter teilen sich den Dienst an Bord, der Alltag findet im Stationsgebäude statt. Und der beginnt wie andernorts mit einem gemeinsamen Frühstück. Das Mittagessen um 12 Uhr ist Teil der »Borddisziplin« und gehört wie andernorts zum routinemäßigen Tagesablauf – es sei denn, es kommt ein Einsatz dazwischen. »Mit dem Kochen ist jeder mal dran, und dann kommt das auf den Tisch, was derjenige am besten kann«, fasst Olaf Burrmann

zusammen. Und fügt rasch hinzu: »Wir mögen fertig gemachte Gerichte, aber keine Fertiggerichte!«

Da die Bevorratung kein Problem darstellt, sind die Büsumer Seenotretter flexibel. Deshalb wird auch auf eine Wochenübersicht verzichtet – bis auf freitags, dann wird Fisch zubereitet. Allerdings gibt es – wie in den meisten Stationen – Kollegen, die mit Hingabe kochen, und das während der gesamten 14 Tage, die sie an Bord sind. Matrose Rolf Pulz beispielsweise. Oder der Zweite Vormann Jörg Lüdtke, der aus einer Fischerfamilie stammt und obendrein eine Schlachterausbildung gemacht hat, bevor er sich ganz dem Rettungsgedanken verschrieb. »Wenn Jörg kocht, kommt viel auf den Tisch, und die Töpfe sind groß«, schmunzeln seine Kollegen. Wenn Fabian Burrmann in der Küche am Herd steht, gibt es Suppe, und als

Vormann Olaf Burrmann kümmert sich gerne um den Hunger seiner Kollegen. Seine Spezialität: »Alfreds Krabbentopf« und alles, was mit Fisch zu tun hat. Gekocht wird in der Küche im Stationsgebäude, das sich im ehemaligen Schleusenwärterhaus von Büsum befindet. Übrigens: Hier macht selbst das Abwaschen Spaß, denn dabei kann man einen ausschweifenden Blick – über den Deich – auf die See werfen.

Grundlage müssen ordentlich Markknochen in den Topf. Der 26-Jährige ist Dritter Vormann und derjenige, der das neue Arbeitstochterboot steuert. Der Ostfriese Jörg Reinhard ist weniger ambitioniert, wenn er denn mal an der Reihe ist, die Mannschaft zu bekochen – aber dennoch meckert keiner. »Man nehme Erbsen und Suppe und es kommt Erbsensuppe heraus«, nennen das die anderen Crewmitglieder augenzwinkernd. Auch kann er Eier kochen – die sonntags und seemannssonntags zum Frühstück gehören.

Ein Klassiker in der Stationsgeschichte ist zweifelsohne »Alfreds Krabbentopf«. Dieses Gericht ist eine kulinarische Erinnerung an einen längst verstorbenen Kollegen, der als leidenschaftlicher Seemann auf vielen Meeren unterwegs war, und es ist zugleich eine schmackhafte Liebeserklärung an Büsum. Ob seiner traditionsreichen Krabbenfischerei ist Büsum im wahrsten Sinne des Wortes in aller Munde. Die Seenotretter wissen die Nähe zu den Kutterfischern zu schätzen – und umgekehrt, denn schon manches Mal musste der Kreuzer ausrücken, um der Besatzung eines der vielen Fangschiffe aus der Bredouille zu helfen. Dass »Alfreds Krabbentopf« von Olaf Burrmann zubereitet wird, hat zweierlei Gründe: zum einen waren beide über Jahre zusammen an Bord und haben manche Sturmfahrt gemeinsam überstanden, zum anderen ist der Vormann Experte in Sachen Fisch, denn auch er entstammt einer alteingesessenen Fischerfamilie. Sogenannte »Panierflossler«, die frittiert mit einem Schlag Kartoffelsalat aus dem Eimer angeboten werden, kommen den Büsumer Rettern nur »zur Not« auf den Tisch.

Kohlpudding Dithmarscher Art

1 Kopf Weißkohl
1 kg Hackfleisch
(halb und halb)
3 große Zwiebeln
4 Mettenden (Kohlwurst)
Instantbrühe
Salz, Pfeffer

Das Hackfleisch scharf anbraten und dabei die Zwiebeln mitschmoren. Den Kohl klein schneiden, in einen Topf geben, mit ½ l Brühe aufgießen und dann das Hackfleisch aufschichten. Das Ganze circa 25 Min. köcheln lassen und dabei mit Salz und Pfeffer abschmecken, dann die Mettenden hinzugeben und noch einmal rund 20 Min. garen lassen.

Tipp *Dazu passen Salzkartoffeln.*

In Dithmarschen ist im Herbst Kohlzeit. Überall finden sich dann Stände, an denen er angeboten wird. 80 Millionen Kohlköpfe werden im Jahr in Dithmarschen geerntet.

Alfreds Krabbentopf

Alle Gemüsezutaten klein schneiden (Tomaten und Pilze in Scheiben, Paprika und Zwiebeln in Würfel). Alles einzeln scharf anbraten, dann zusammen in einem Topf mit etwas Gemüse- oder Fleischbrühe ablöschen. Das Ganze etwa 10 Min. köcheln lassen, die Dosentomaten hinzufügen und nochmals circa 10 Min. köcheln lassen, bis eine dickere Konsistenz entsteht.

Anschließend mit Currypulver (das man zuvor in Öl einweichen sollte), etwas Knoblauch, Salz und Pfeffer »schön scharf« abschmecken. Zum Schluss das Krabbenfleisch beifügen – die Büsumer Retter mögen es »halb und halb«.

Fischerweisheit: 10 kg ungepulte Krabben ergeben 3 kg Genuss.

Tipp *Zum Krabbentopf wird wahlweise Reis oder Stangenbrot gereicht.*

EISWETTE
SAR
Fähre Pell...

Nordstrand – Krabben im Fleischwolf

Von drei Seiten umgibt das Meer die Halbinsel Nordstrand. Kein Wunder also, dass die Bewohner es zu schätzen wissen, dass die Deiche halten. Weil das nicht immer so war, kann die Geschichte dieses Landstrichs in Nordfriesland mit vielen Kapiteln aufwarten, in denen der Blanke Hans seine Launen austobte. Das lernen die Kinder dort oben in der Schule und dann, wenn sie über den Deich zum Horizont gucken – denn da, wo der Himmel auf den Meeresspiegel trifft, kündigen sie sich an, die Stürme, die im Nu über das flache Land fegen. Davon können seit Generationen alle Seeleute ein angstvolles Liedchen singen. Den anderen, die ausrückten, um jenen zu helfen, die gerade dann draußen auf See waren, blieb zumeist keine Zeit dazu.

»Dann muss nämlich jeder Handgriff sitzen«, erzählt Vormann Ernst Dostal. Er ist seit 1974 von Berufs wegen auf dem Wasser unterwegs, seit mehr als 20 Jahren im Dienst der Deutschen Gesellschaft zur Rettung Schiffbrüchiger. Deren Station auf Nordstrand befindet sich im Hafen von Strucklahnungshörn. Ein kleiner, aber quirliger Hafen von wirtschaftlicher und touristischer Bedeutung, denn von hier aus gibt es das ganze Jahr über regelmäßige Fährverbindungen zur Nachbarinsel Pellworm und auch Fährlinien zu anderen nordfriesischen Halligen und Inseln.

Seit Ende 2008 ist dort der Seenotrettungskreuzer EISWETTE stationiert – sein Tiefgang von nur 1,30 m ist ein Tribut an die »gezeitlichen« Bedingungen im Nationalpark Schleswig-Holsteinisches Wattenmeer.

Der Seenotkreuzer EISWETTE gehört zur 20-Meter-Klasse und ist seit 2008 für die DGzRS im Einsatz. Sein Liegeplatz: der Hafen von Strucklahnungshörn auf Nordstrand. Das Stationsgebäude der Seenotretter befindet sich jenseits des Deiches.

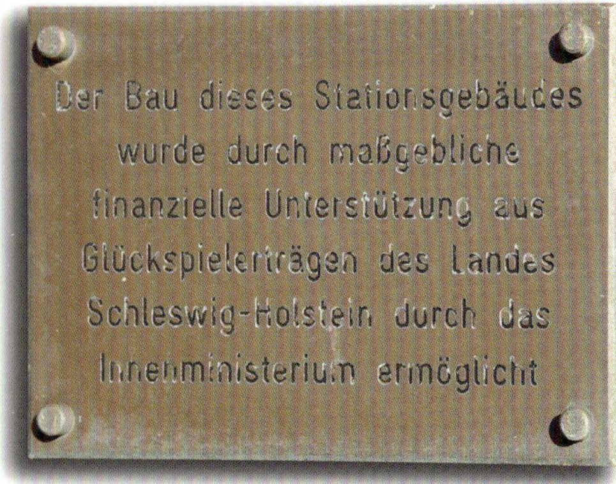

Die Seenotretter sind den Spielern – ohne Zweifel – dankbar.

Die Besatzung lebt – seit die größere VORMANN LEISS von der modernen EISWETTE abgelöst wurde – in einem Stationshaus jenseits des Deiches. Im Notfall heißt es für die Seenotretter also: zunächst im Sprint über den immergrünen Schutzwall, dann behände vom Anleger an Bord. »Kein Problem«, sagt Maschinist Armin Meyer. »Das sind wir gewöhnt«, fügt Stefan Paulsen hinzu, der auf Nordstrand Dritter Vormann ist. Seit mehr als 25 Jahren arbeitet er für die Gesellschaft und führt das seemännische Erbe seines Vaters fort, der von dort aus 30 Jahre im Zeichen des roten Hansekreuzes rettete.

Auf Nordstrand gibt es eine siebenköpfige Stammbesatzung, immer drei Männer sind in der Station in Bereitschaft. Die Vorleute wechseln alle 14 Tage montags, die Maschinisten alle 14 Tage mittwochs. »Auch wenn die Region vom Tourismus geprägt ist, haben wir keine wirkliche Saison«, beschreibt der Zweite Vormann Ernst Dostal die Einsatzschwerpunkte des Kreuzers. »Im Sommer haben wir mehr Krankentransporte, weil dann mehr Gäste vor Ort sind. Doch kann man sagen, dass hier das ganze Jahr über einiges los ist.« Die See ist tückisch – eine Erfahrung, die auch hin und wieder die bewährten Fischer der nordfriesischen Nordseeküste machen müssen. Bei Tag und bei Nacht. Das liest die Bevölkerung am Tag darauf in Zeitungsmeldungen, die mit Schlagzeilen wie »Fischer aus Seenot gerettet« überschrieben sind und in der die EISWETTE eine entscheidende Rolle spielt.

Wenn solche Zwischenfälle ausbleiben, beginnt der Alltag in der Station Nordstrand gegen sechs Uhr, punkt sieben Uhr ist Frühstück. Um zehn und 15 Uhr sitzt die Besatzung zusammen und tauscht sich bei einem Kaffee aus. »Wenn denn nichts dazwischenkommt, ist mit Schlag 12 Uhr das Mittagessen fertig. Aber das weiß man ja nie!«, erzählt Stefan Paulsen, der bevorzugt »Pfannkuchen« und »Hähnchen« auf den Tisch bringt, wenn er denn mit dem Kochen an der Reihe ist. »Auf Nordstrand hat sich das irgendwie so eingebürgert, dass der jeweilige Schiffsführer kocht«, erzählt Ernst Dostal, der weit über Husum hinaus den Ruf eines patenten Kombüsenchefs hat. »Vielleicht liegt es daran, dass ich nur das koche, was mir selber schmeckt«, schmunzelt der 51-Jährige

Seenotkreuzer EISWETTE
Länge: 19,90 m, Breite: 5,05 m
Tiefgang: 1,30 m
Geschwindigkeit: 22 Knoten
Tochterboot NOVIZE
Geschwindigkeit: 30 Knoten

und gibt unumwunden zu, dass er auch zu Hause die Schürze um hat. Einen Speiseplan für die Woche gibt es nicht. »Was überbleibt, gibt es am nächsten Tag mit einer anderen Beilage – beispielsweise mit Filet im Darm«, schmunzelt Dostal und meint damit das, was landläufig als Bratwurst bekannt ist.

Dass den Seenotrettern bevorzugt Frisches auf den Tisch kommt, ist eine Frage des Genusses. »Das Gemüse und die Kartoffeln kommen hier von der Insel.« Das Frischfleisch wird beim Schlachter gekauft. »Den Rest kriegen wir geschenkt«, grinst der Vormann. »Nämlich Steinbutt, Scholle, Seezungen und oft und reichlich Krabben.« Besonders bekannt ist der passionierte Schürzenträger Dostal für seine Krabbenfrikadellen. »Für manche ist es ja der reinste Sündenfall, Krabben durch den Fleischwolf zu drehen, aber wir haben hier oben so viele davon, dass sich diese Variante eben anbietet.« Das Rezept möchte er nicht preisgeben – nur so viel: Speck ist mit drin, ein bisschen Petersilie und Zwiebeln selbstverständlich. Lecker sind besagte Krabben gleichfalls im Omelett. Doch auch typisch Nordfriesisches wird von den Rettern der EISWETTE zubereitet: Buttermilchsuppe mit Mettwurst (»... und danach 'ne Schaufel Bratkartoffeln für jeden!«) oder Grießklöße mit ausgelassenem Speck und Zuckerrübensirup. Ebenfalls beliebt: »Saure Rolle« (»... so ähnlich wie Saumagen, dazu Kartoffeln und Kohlrabigemüse«). Zu Silvester isst »Mann« traditionsgemäß auch mal was Süßes: sogenannte »Futjes«, das sind Hefeteigklöße mit Rosinen, die vor dem Verzehr mit Puderzucker bestäubt und an Zitronensuppe gereicht werden.

Ist man dabei, wenn Ernst Dostal am Herd steht, wird einem schnell klar: Für ihn ist Kochen durchaus eine Kunst und hat auch deshalb was mit Können zu tun, weil er sich über die Jahre gerne bei anderen etwas abgeguckt hat. So sah er mal einem Spanier bei der Fischzubereitung über die Schulter und lernte so dessen »Mehlier«-Methode kennen. »Besser geht's nicht«, resümierte Dostal seinerzeit und »mehliert« den Fisch seither auch so. Nämlich in der Tüte, besser gesagt: im handelsüblichen Klarsichtbeutel. Dorthinein gibt er das Mehl, ein bisschen Salz und schließlich das bis dahin noch naturbelassene Fischfilet. Eins nach dem anderen wird im besagten Beutel ein paar Mal liebevoll geschwenkt – und ist so im besten Wortsinn im Handumdrehen fix und fertig für die Pfanne. Da ist Vormann Ernst Dostal einmal mehr ganz routiniert.

Vormann Ernst Dostal ist für seine Krabbenfrikadellen bekannt und dafür, dass er mit Raffinesse kochen kann. Das fängt schon beim »Mehlieren« des Fisches an.

Steinbutt auf Gemüsebett

Für 6 Personen oder 4 Seenotretter

1 kg Steinbuttfilet
500 g Gemüse
(gerne auch TK-Ware)
125 g Kräuterbutter

Den Steinbutt und das gemischte Gemüse (es kann auch Tiefkühlware sein) auf Alufolie betten und darüber Kräuterbutter verteilen. Das Ganze mit Alufolie abdecken, auf ein Backblech legen und im vorgeheizten Backofen (175 °C) circa 45–60 Min. garen – die Garzeit hängt von der Größe des Fisches ab. In der Zwischenzeit die Beilage zubereiten.

Tipp *Dazu passen Pell- oder Salzkartoffeln oder aber Reis und wahlweise eine Senf-, Petersilien- oder Meerrettichsoße; man kann aber auch einfach den Sud dazu reichen.*

Kabeljaufilet mit Pfeffer

Für 6 Personen oder 4 Seenotretter

1 kg Kabeljaufilet
4 große Tomaten
2 große Zwiebeln
Senf
schwarze Pfefferkörner

Die grätenfreien Kabeljaufilets (pro Person 2 Stück) auf ein geöltes Backblech legen, mit Senf bestreichen und (frisch gemahlenem) schwarzen Pfeffer darüber geben, dann Tomaten in Scheiben und zuletzt Zwiebelstücke auf die Filets legen. Im vorgeheizten Backofen (175 °C) circa 20–30 Min. garen lassen.

Tipp *Dazu passen Pell- oder Salzkartoffeln oder Reis und wahlweise eine Senf-, Petersilien- oder Meerrettichsoße.*

Warmer Kartoffelsalat Ernst Dostal

Pellkartoffeln kochen und abziehen. Klein geschnittene Zwiebeln und Schinkenwürfel in einem Topf andünsten, Gewürzgurkenwürfel und einige Esslöffel Gewürzgurkenwasser hinzugeben und alles ein wenig köcheln lassen.

Die in festen Scheiben geschnittenen Pellkartoffeln in den Topf geben und mit Sahne und Milch (zu gleichen Teilen) vermengen, sodass die Kartoffeln richtig schwimmen. Die Kartoffeln mit reichlich frisch gemahlenem schwarzen Pfeffer und Petersilie würzen und vor dem Servieren bei geringer Hitze eine gute Weile ziehen lassen.

Sind alle Zutaten im Topf, sollte der Salat eine gute Weile ziehen.

Schmorrippe

Die Rippenstücke (bitte beim Schlachter die Knochen abtrennen lassen) mit den gehackten Zwiebeln scharf anbraten, das Fleisch dabei gut pfeffern und etwas salzen.

Das angebratene Fleisch mit Wasser ablöschen und bei niedriger Hitze circa 1½ Stunden köcheln lassen. Das gare Fleisch aus dem Topf nehmen und aus dem Bratensud eine Soße andicken.

In der Zwischenzeit die Kartoffeln kochen und das Gemüse oder den Salat zubereiten.

ANTJE
D.
MAASHOLM

Maasholm – Nis Randers und die Fischsuppe

Maasholm war mal eine Insel und hat sich ein gewisses »eiländisches« Flair bis heute bewahrt. So ist das ebenso kleine wie malerische Dorf im Kreis Flensburg nur über eine Straße erreichbar, die sich wie ein Damm ausnimmt und viele Ausblicke auf viel Wasser gewährt.

In den Sommermonaten allerdings kommen die Besucher vornehmlich »unter Segeln« aus Richtung Ostsee und machen in dem Hafen an der Schleimündung fest, dessen maritime Atmosphäre sich längst herumgesprochen hat. Für die rund 650 Einwohner ist das ein alljährliches Schauspiel und für die Männer der Deutschen Gesellschaft zur Rettung Schiffbrüchiger der beste Beweis, warum in diesem beschaulichen Ort eine Doppelstation untergebracht ist. Im Hafen von Maasholm ist der Seenotrettungskreuzer NIS RANDERS ebenso zu Hause wie das Seenotrettungsboot FRANZ STAPELFELDT. Der Kreuzer hat eine Stammbesatzung von neun fest angestellten Rettern, die STAPELFELDT wird im Ernstfall von einer Crew besetzt, der ein Dutzend Freiwilliger angehören.

»Das Revier ist schön und deshalb stark befahren. Wir haben viele Wassersportler, die von Kiel oder Hamburg aus ihre Wochenenden hier oben verbringen. Aber viele unterschätzen, dass das Schleigebiet

Im Fischerdorf Maasholm befindet sich eine Doppelstation der DGzRS. Der Seenotkreuzer trägt den küstenbekannten Namen NIS RANDERS; das Seenotrettungsboot, dessen Besatzung aus Freiwilligen besteht, heißt FRANZ STAPELFELDT.

bei entsprechendem Wind und Strömung auch tückisch werden kann«, erläutert Mario Sörnsen. Er muss es wissen. Der Maasholmer ist seit drei Jahren Dritter Vormann auf der NIS RANDERS und war vorher Freiwilliger auf dem Seenotrettungsboot. »Doch da stelle ich keinen Einzelfall dar«, schmunzelt Sörnsen. Und wie sehr das Dorf mit der »Gesellschaft« verbunden ist, zeigt sich nicht zuletzt darin, dass sechs der neun Stammbesatzungsmitglieder der NIS RANDERS im Ort leben. Dass die Rettungsleute, die wie andernorts 14 Tage Dienst »am Stück« haben, dennoch an Bord schlafen, versteht sich von selbst. Nur so lässt sich die Prämisse »einsatzbereit: sofort« an 365 Tagen rund um die Uhr in die Tat umsetzen. Und wie oft solche Taten tatsächlich gefordert sind, zeigt die Zahl der Einsätze: Im Schnitt sind es mehr als einhundert im Jahr. »Ein Drittel Hilfeleistungen, ein Drittel medizinische Einsätze, ein Drittel Personensuche«, resümiert Mario Sörnsen. »Und dabei sind wir auch häufig in den dänischen Hoheitsgewässern unterwegs – dort weiß man unsere Verlässlichkeit und Professionalität sehr wohl zu schätzen.«

Aber auch Feuersbrünste sind keine Seltenheit. Gut in Erinnerung ist beispielsweise der Brand des Lotsenhauses auf der Lotseninsel »Schleimünde«, bei der die Besatzung der NIS RANDERS die Flammen erfolgreich von der Wasserseite aus löschen konnte. »Das war schon ein Glücksfall, denn anders ist das Naturschutzgebiet dort ja auch gar nicht zugänglich.« Ein Exempel besonderer Größenordnung war zweifelsohne

Im unteren Deck bereiten Maschinist Stephan Brammer und Vormann Mario Sörnsen das Mittagessen vor. Als Sättigungsbeilage werden Kartoffeln geschält, für die Vitamine soll an diesem Tag das »Steuerbord-und-Backbord-Gemüse« sorgen.

Nis Randers

Krachen und Heulen und berstende Nacht,
Dunkel und Flammen in rasender Jagd –
Ein Schrei durch die Brandung!

Und brennt der Himmel, so sieht man's gut:
ein Wrack auf der Sandbank! Noch wiegt es die Flut –
gleich holt sich's der Abgrund.

Nis Randers lugt – und ohne Hast
spricht er: »Da hängt noch ein Mann im Mast!
Wir müssen ihn holen.«

Da fasst ihn die Mutter: »Du steigst mir nicht ein!
Dich will ich behalten, du bliebst mir allein,
ich will's, deine Mutter!

Dein Vater ging unter und Momme, mein Sohn;
drei Jahre verschollen ist Uwe schon,
mein Uwe, mein Uwe!«

Nis tritt auf die Brücke. Die Mutter ihm nach!
Er weist nach dem Wrack und spricht gemach:
»Und seine Mutter?«

Nun springt er ins Boot und mit Ihm noch sechs:
hohes, hartes Friesengewächs –
schon sausen die Ruder.

Boot oben, Boot unten, ein Höllentanz!
Nun muss es zerschmettern! … Nein, es blieb ganz! …
Wie lange? Wie lange?

Mit feurigen Geißeln peitscht das Meer
wie menschenfressenden Rosse daher;
sie schnauben und schäumen.

Wie hechelnde Hast sie zusammenzwingt!
Eins auf den Nacken des andern springt
mit stampfenden Hufen!

Drei Wetter zusammen! Nun brennt die Welt!
Was da? – Ein Boot, das landwärts hält …
Sie sind es! Sie kommen! –

Und Auge und Ohr ins Dunkel gespannt …
Still – ruft da nicht einer? – Er schreit's durch die Hand!
»Sagt Mutter,'s ist Uwe!«

Otto Ernst

Schicksal oder Glücksfall? Wenn Mario Sörnsen Kombüsendienst hat, steht meistens und stets zur richtigen Uhrzeit
Fisch auf dem Tisch. »Der schmeckt immer«, stellt der
Vormann fest – und keiner widerspricht. »Außerdem war
ich mal ›Fischdesigner‹ – da habe ich aus Silber Gold
gemacht«, fügt der Maasholmer schmunzelnd hinzu und
meint damit, dass er einige Zeit in einer Fischräucherei
gearbeitet hat.

der Einsatz beim Brand der havarierten litauischen
Ostseefähre LISCO GLORIA im Oktober 2010, bei der in
Sachen Feuerbekämpfung auch die Seenotkreuzer der
DGzRS-Stationen Großenbrode, Grömitz, Laboe und
Warnemünde gefordert waren. Am 29. Mai 1990 – dem
125. Gründungstag der DGzRS – wurde die NIS RANDERS
in Bremen auf ihren Namen getauft und hernach in
Maasholm in Dienst gestellt. Während das Tochter-
boot ONKEL WILLI an den langjährigen Vormann Willi
Wald erinnert, der in Maasholm lebte und wirkte, hat
der Name des Kreuzers der 23-Meter-Klasse eine
ebenso lyrische wie lebendige Vergangenheit. Nicht
nur Leuten mit einem Hang zum Meer ist Otto Ernsts
Ballade vom furchtlosen Nis Randers bekannt. Nis
Randers, der in die tosende Brandung ruderte, um

einen Schiffbrüchigen zu retten und dabei nicht ahnte,
dass er ausgerechnet seinen lange vermissten Bruder
Uwe vor dem nassen Tod bewahren würde. Dass die
zwölf Strophen der Ballade einen gerahmten Platz in
der Messe der NIS RANDERS haben, ist selbstverständlich. So wie auch eine kulinarische Spezialität aus
der Kreuzer-Kombüse den Namen des heldenhaften
Protagonisten trägt: die »Fischsuppe Nis Randers«.
Sie stammt aus der kreativen Küche von Dirk Höper,
der Zweiter Vormann auf dem Seenotrettungskreuzer
ist. »Wenn Dirk an Bord ist, dann kocht er an jedem
der 14 Tage und richtig gute Gerichte«, freuen sich seine Kollegen und attestieren seinen Mahlzeiten »einen
gourmetmäßigen Charakter«. So ist es nicht selten, dass
Dirk Höper, wenn er nach einer Freischicht wieder an

Seenotkreuzer NIS RANDERS
Länge: 23,30 m, Breite: 5,50 m
Tiefgang: 2,00 m
Geschwindigkeit: 20 Knoten
Tochterboot ONKEL WILLI
Geschwindigkeit: 17 Knoten

Der Seenotkreuzer aus Maasholm rückt übers Jahr zu mehr als hundert Einsätzen aus, denn das Gebiet an der Schleimündung ist so schön wie stark befahren.

Bord kommt, neue Rezeptideen mitbringt und zugleich die eine oder andere raffinierte Zutat.

Ist Dirk Höper nicht an Bord, kocht jeder mal. Und zwar das, was er gut kann. Zweiter Maschinist Reinhold Schulz, der seit 25 Jahren zur Mannschaft gehört, kennt sich mit den »Standards« wie Schnitzel aus; Dritter Maschinist Stephan Brammer weiß, wie man Frikadellen so zubereitet, dass mittags keiner meckert. Und Dritter Maschinist Dirk Doose, der von sich sagt, dass er nurmehr Hausmannskost zubereiten kann, hat sich dennoch im vergangenen Sommer an einem

Apfelkuchen versucht – und sich gefreut, dass es allen geschmeckt hat. Ist Mario Sörnsen in der Kombüse anzutreffen, die auf der NIS RANDERS im unteren Deck eingebaut ist, kommt mittags um 12 Uhr häufig Fisch auf den Tisch. »Der ist schnell zubereitet, und außerdem sitzen wir hier an der Quelle«, erklärt der Zweite Vormann. Tatsächlich sind in Maasholm und umzu noch viele Kutter beheimatet, was nicht zuletzt an der Vielzahl der Möwen deutlich wird, die sich bis zu deren Rückkehr im Hafen meuternd die Zeit vertreiben.

Fischsuppe Nis Randers

Für 6 Personen oder 4 Seenotretter

600 g Fischfilet (Dorsch,
Lachs oder Seelachs)
1 große Zwiebel
2 rote Paprikaschoten
4–5 Tomaten
3 große Knoblauchzehen
2 EL Zitronensaft
1 TL Kreuzkümmel
3 TL mildes Paprikapulver
3 EL Olivenöl
Salz, Pfeffer

Tipp *Man kann die Suppe zusätzlich auch mit Curry würzen, dann sollte aber auch eine Prise Zucker hinzugefügt werden.*

Die gehackten Zwiebeln in einen Topf geben und in dem Olivenöl bei schwacher Hitze glasig dünsten. Die Paprikaschoten, die Tomaten und den Knoblauch klein schneiden und das Paprikapulver zu den Zwiebeln geben und alles kurz andünsten. Mit circa 1½ Liter Wasser aufgießen, etwas klein geschnittenen Fisch hinzugeben und alles etwa 25 Min. köcheln lassen.

Die Suppe dann mit dem Pürierstab pürieren und mit Salz, Pfeffer und Kreuzkümmel würzen (es kann auch mit etwas Brühe gewürzt werden, dann sollte aber auf das Salz verzichtet werden).

Den restlichen Fisch in mundgerechte Stücke schneiden, mit Zitronensaft beträufeln, salzen, pfeffern und in die Suppe geben.

Die Suppe sollte vor dem Servieren noch etwa 10 Min. bei schwacher Hitze ziehen.

Dorschrouladen

Für 6 Personen oder 4 Seenotretter
800 g Dorschfilet
(am besten eignen sich hierbei
kleine Filets)
1 Paket geräucherter
Schinken
1 Päckchen Schafskäse
Salz, Pfeffer

Tipp *Mit Bratkartoffeln
und Salat servieren.*

Die Dorschfilets salzen und pfeffern (nicht zu viel Salz, da der Schinken auch schon salzig ist!). Den Schafskäse in Scheiben schneiden und je ein Stück auf ein Filet legen. Dann die einzelnen Filets samt Käse zu einer Roulade aufrollen und jeweils in einer Scheibe Schinken einrollen. Die Dorschrouladen in einer Pfanne braten.

Mangohack

Für 6 Personen oder 4 Seenotretter
700 g Hackfleisch
2 Mangos
Salz
Cayennepfeffer

Die Mangos halbieren, das Fruchtfleisch aushöhlen und in Würfel schneiden. Das Hackfleisch mit Salz und Cayennepfeffer würzen und anbraten, zum Schluss das Fruchtfleisch hinzufügen und kurz anbraten.

Die Hack-Mango-Masse in die 4 Mangoschalen verteilen und bei 180 °C circa 30 Min. im Backofen garen lassen.

Tipp *Dazu schmecken
Bratkartoffeln mit Speck
und Zwiebeln.*

BERLIN

Laboe – Fleisch vereitelt Panik

Wappen symbolisieren Geschichte. Nicht anders verhält es sich mit dem Wappen des Ostseebades Laboe, auf dem sich neben einem goldenen Anker ein stolzer Schwan reckt. Er erinnert an jene Zeiten, als Laboe noch »Lubodne« (Schwanenort) hieß, weil sich in diesem Teil Holsteins Slawen niedergelassen hatten. Aus dem einstigen slawischen Fischerdorf entwickelte sich über die Jahrhunderte ein florierender Umschlagplatz – an der Kieler Förde gelegen und vis-à-vis der Landeshauptstadt Schleswig-Holsteins.

Weil in Laboe bereits 1850 ein großer Bootshafen entstanden war und damit kontinuierlich das Aufgebot an ein- und auslaufenden Schiffen wuchs, wurde dort bereits 1894 eine Station der Deutschen Gesellschaft zur Rettung Schiffbrüchiger eingerichtet und im Jahre 1900 durch die Stationierung eines Raketenapparates, der Leinenverbindungen zu havarierten Schiffen schaffen konnte, zur Doppelstation erweitert. Das hat sich bewährt: Die Kieler Förde ist heute eine der meistbefahrenen Wasserstraßen der Welt, und Laboe hat indessen zwei Yachthäfen mit mehr als 700

Der Seenotkreuzer BERLIN und das Seenotrettungsboot BOTTSAND gehören zur Doppelstation Laboe; das Rettungsboot wird im Ernstfall von einer Freiwilligen-Mannschaft besetzt.
Nächste Seite: Fischer Jan Rönnau hat einen guten Fang gemacht; im Hintergrund die BOTTSAND.

Hafenmeister

Raymarine

Die Mannschaft trifft sich mehrfach am Tag in der Messe, um sich auszutauschen. Kaffee gehört dann dazu. Immer dabei: der »Berlin«-Bär, ein Porzellanmaskottchen aus der Bundeshauptstadt.

Liegeplätzen sowie einen Fischerei- und einen Gewerbehafen. Seit 1985 ist der Seenotrettungskreuzer BERLIN mit dem Tochterboot STEPPKE in Laboe zu Hause – ein Kreuzer der 27-Meter-Klasse, der am 120. Gründungstag der DGzRS zu Ehren der Stadt Berlin seinen Namen bekam und über eine neunköpfige Stammbesatzung verfügt, von der jeweils vier Leute im Törn sind. Das Seenotrettungsboot BOTTSAND, das seit 1994 vor Ort ist und im Notfall von einer Crew aus Freiwilligen besetzt wird, hat seinen Liegeplatz in unmittelbarer Nachbarschaft. »Wir sind übers Jahr bis zu 140 Mal im Einsatz unterwegs«, schildert Henry Hildebrandt, Dritter Maschinist auf der BERLIN. »Achtzig Prozent der Betroffenen haben ›Plattfüße‹ aller Art – also technische Defekte, die dann zu bedrohlichen Situationen führen können. Und man kann sagen: Wir haben hier von allem reichlich. Sportbootfahrer, Segler, Surfer, Fischer, Angler, die Frachtschifffahrt, Fährverkehr und auch Kreuzfahrtschiffe.«

Dabei sind die Einsätze so verschieden wie jene Leute, die der Hilfe der Seenotretter bedürfen – konstatiert Gerd Fries, Zweiter Vormann und seit 20 Jahren bei der »Gesellschaft«. »Spektakulär ist es für denjenigen, der uns ruft, immer!« Einen kuriosen Verlauf hatte hingegen ein winterlicher Einsatz, bei dem die Seenotretter einem Sportbootfahrer zu Hilfe kommen wollten, der des Nachts offenbar hilflos mit seinem Boot vor dem vereisten Militärhafen Eckernförde trieb. Eine entsprechende Meldung war bei ihnen eingegangen, und auch einer U-Boot-Besatzung war das beleuchtete Boot indessen aufgefallen. Gemeinsam versuchte man, dem »Schiffbrüchigen« zu helfen. Als es den Rettern schließlich endlich gelang, zu dem Boot vorzudringen, öffnete dessen Eigner erst nach mehrmaligem Klopfen die Luke und guckte dabei ebenso erstaunt wie verschlafen aus seiner Bettdecke.

Statt unfreiwilliger Komik gab es im Juni 2009 reichlich Brisanz: Im Nordhafen von Kiel wütete ein Großbrand und legte eine Anlage zur Paraffinverarbeitung in Schutt und Asche. »Die Flammen schlugen bis zu dreißig, vierzig Meter hoch. Es gab mehrere Explosionen, und eine Flut von brennendem Paraffin ergoss sich in den Nord-Ostsee-Kanal«, erinnert sich Gerd Fries. »Elf Wehren waren vor Ort. Doch ohne die Löschboote – darunter das Feuerwehrschiff KIEL und unsere BERLIN – wäre auch noch ein riesiges Heizöllager in die Luft geflogen.« Die ganze Nacht hindurch half die Besatzung des Kreuzers mit ihren beiden

Weil Fleisch an Bord sein muss, hat Henry Hildebrandt eine ordentliche Portion davon in »Sauer« gelegt. Das soll am nächsten Mittag schmecken. Natürlich mit Senf.

Feuerlöschkanonen, die zusammen 36.000 Liter in der Minute »verschießen«. Ein spektakulärer Löscheinsatz findet sich auch für das vergangene Jahr im Bordbuch der BERLIN: Als die litauische Ostseefähre LISCO GLORIA im Oktober zwischen der Insel Fehmarn und der dänischen Küste nach einer Explosion in Brand geraten war, waren die Laboer Seenotretter gemeinsam mit den DGzRS-Kreuzern aus Großenbrode, Maasholm, Grömitz und Warnemünde vor Ort. Das sind Tage, an denen in der Bordkombüse nur für den schnellen Hunger gekocht wird – das heißt, es gibt wenigstens etwas Warmes aus der Konserve.

Sind die Seenotretter aus Laboe im Hafen, wird den mittäglichen Mahlzeiten mehr Aufmerksamkeit gewidmet. Jedes Mitglied der Besatzung ist mal mit dem Kochen an der Reihe. »Einen Speiseplan gibt es eher nicht, denn wir können ja ohne großen Aufwand im Ort einkaufen gehen«, erzählt Wolfgang Hoeck, der Dritter Vormann und seit zehn Jahren an Bord der BERLIN ist. Im Winter sind Eintöpfe mit Kohl beliebt,

im Sommer gibt es abends oft Gegrilltes, denn tagsüber ist der Kreuzer häufig auf See; an Sonntagen und Seemannsonntagen sind Frühstückseier obligatorisch. Aber auch das für die nordische Region eher ungewöhnliche Gericht »Dippelappes« wird an Bord gemocht – diese (saarländische) Kartoffelspezialität kommt aus der Rezeptkiste von Rolf Oster, jenem Kollegen, der in Koblenz zu Hause ist und bei weitem die weiteste Anreise hat. »Aber wichtig ist es vor allem«, so fügt Henry Hildebrandt schmunzelnd hinzu, »dass immer Fleisch an Bord ist. Sonst bricht hier Panik aus!« So wie alle, die im Wechsel ihren 14-tägigen Dienst an Bord absolvieren, Fisch mögen. Gerd Fries, der einst auf Großer Fahrt so manches Land der Erde gesehen hat und früher auf dem Amrumer Seenotkreuzer EISWETTE beinahe ausschließlich gekocht hat, mag es vor allem würzig. Zwar kocht er indessen kalorienbewusst, aber er spart bestimmt nicht am Knoblauch (den er allein in Knollen bemisst) und an einer »ordentlichen Handvoll Chilischoten«.

Krabbensuppe

3 kg Krabbenschalen und
Krabbenfleisch
2–3 Liter Wasser oder
Gemüsebrühe
250 ml Sahne
1 Bund Suppengrün
1 Bund Dill
1 Dose geschälte Tomaten
1–2 Gemüsezwiebeln
½ Fenchelknolle
1 EL Kümmel
2 EL Salz
10 weiße Pfefferkörner
1 EL Senfkörner
2 Knoblauchzehen
(nach Gusto)
2 Lorbeerblätter
3–4 Gewürznelken
1 TL Curry
1 Becher geschlagene Sahne
Butter
Mehl
Cognac und trockener Wein zum
Abschmecken

Für den Fond: Das zerkleinerte Suppengrün, den Fenchel und die Zwiebeln zusammen mit den Krabbenschalen und dem Knoblauch in einen Topf geben und mit Wasser bzw. Gemüsebrühe auffüllen. Alle Gewürze und die Tomaten hinzufügen und nicht länger als 30 Min. köcheln lassen. Den Fond zuerst durch ein Sieb, dann durch ein Tuch seihen.

Für die Mehlschwitze: Butter leicht anbräunen, das Mehl hinzufügen und nach und nach den heißen Fond einrühren, dann die Sahne und die gepulten Krabben hinzufügen und mit Cognac und Wein abschmecken.

Tipp *Beim Servieren in jede Suppentasse einen Klecks geschlagene Sahne und einige Krabben geben.*

Schichtsalat

Für 6 Personen oder 4 Seenotretter

1 mittelgroßes Glas
Sellerie (gestiftelt)
4 Scheiben
gekochter Schinken
5 hart gekochte Eier
1 Dose Mais
1 Stange Porree
1 mittelgroße Dose Ananas
2 saftige Äpfel
1 Glas Salatcreme

Die Eier, die Äpfel und den Schinken klein schneiden.
Die Dose Mais, die Dose Ananas und das Glas Sellerie
abgießen, dann alle Zutaten nacheinander in eine
Schüssel geben (schichtweise). Anschließend die Salat-
creme darauf verteilen und zum Schluss das Weiß der
Porreestange fein raspeln und darüber verteilen. Den
Salat vor dem Servieren über Nacht kühl stellen.

Putengeschnetzeltes

Für 6 Personen oder 4 Seenotretter

1 kg Putenfleisch
2 Zwiebeln
500 g Pilze
1 Prise Salz
1 Prise Pfeffer
1 TL Butter
200 g Crème fraîche
200 g saure Sahne
500 g Schmelzkäse
Fleischbrühe

Das Putenfleisch würfeln und in einer Pfanne anbraten.
Zwiebeln klein schneiden und dazugeben – mit Salz und
Pfeffer würzen. Die Pilze klein schneiden und zusammen
mit dem Putenfleisch anbraten.

Wenn alles scharf angebraten ist, die saure Sahne,
Crème fraîche und den Schmelzkäse dazugeben – mit
Brühe ablöschen.

Tipp *Als Gemüse wird
Brokkoli empfohlen.*

Grömitz – Butter gegen Wellenschlag

Grömitz wirbt als »Ostseebad der Sonnenseite«. Und tatsächlich: Die See und der Horizont erstrecken sich von links nach rechts und von rechts nach links – 180 Grad Panoramablick. Im Winter ist der Blick vom Ufer des Grömitzer Yachthafens gänzlich frei; im Licht der tief stehenden Sonne glitzert bei entsprechenden Temperaturen eine Eisfläche bis zum Liegeplatz des Seenotrettungskreuzers BREMEN. In den Sommermonaten hingegen liegen in der Nachbarschaft der BREMEN unzählige Segelboote, und das Klappern der Fallen erfüllt die Luft. Jede Jahreszeit hat ihre Reize, versichert die Kreuzermannschaft – wohl wissend, dass die Saison und eine verlässliche Sonne alle Freizeitskipper zu neuen Ufern aufbrechen lässt. So kommt es zu Einsatzzahlen wie 2009, als der Rettungskreuzer beinahe 90 Mal von Pier 3 ablegte, um zu einem Einsatz auszulaufen. Mancher Bericht für das Bordbuch umfasst danach nur wenige Zeilen, andere finden sich im Jahrbuch der Deutschen Gesellschaft zur Rettung

Das Tochterboot VEGESACK kehrt von einem Übungseinsatz mit der Grömitzer Feuerwehr zurück (links). Am Steg 6 im Yachthafen liegt inmitten einer winterlichen Idylle der Seenotkreuzer BREMEN – dort, wo sommers unzählige Boote festmachen.

Vormann Guido Förster kocht mit Akribie – wenn die Zeit es zulässt. So verfeinert er beispielsweise das Sauerkraut mit ein wenig frisch gepresstem Orangensaft.

Schiffbrüchiger wieder, weil sie beispielhaft sind für die Unvorhersehbarkeit jener Gefahren, die sich zu jeder Zeit auf See auftun können.

Dass neben Routine nicht selten das nötige Quäntchen Glück im Unglück eine Rolle spielt, zeigt der Fall eines Geretteten, nach dem man gar nicht gesucht hatte. Die Besatzung war an jenem Tag mit der BREMEN Richtung Pelzerhaken ausgerückt, weil ein Surfer als vermisst galt. Die Suche verlief ergebnislos, bis sich herausstellte, dass der Vermisste wohlauf und an Land war. Auf dem Rückweg nach Grömitz staunten die Seenotretter nicht schlecht, als sie einen Mann entdeckten, der in den Wellen trieb und ihnen erschöpft zuwinkte. Der »Schiffbrüchige« offenbarte sich als Surfneuling, der seit Stunden in der Ostsee getrieben und schon kaum mehr Hoffnung auf Rettung gehabt hatte – vermisst hatte den 60-Jährigen noch niemand. Seine Dankbarkeit manifestierte sich noch an Bord der BREMEN in einer DGzRS-Mitgliedschaft.

Die meisten Einsätze fährt der Grömitzer Seenotrettungskreuzer in der Saison, und die ereignen sich wiederum häufig an den Nachmittagen. »Mittags kommt mehr Wind auf und dann zieht es die Segler und Surfer nach draußen. Das ist auch die Zeit, in der die Sportbootfahrer vor der Küste unterwegs sind. Sie verlassen ihre Liegeplätze in den Häfen meistens an den späten Vormittagen – nachdem sie sich ausgeschlafen und reisefertig gemacht haben«, erzählt Vormann Guido Förster, der seit 16 Jahren an Bord der BREMEN ist. Und fügt lächelnd hinzu: »Das hat natürlich den Vorteil, dass wir kaum am Mittagessen um 12 Uhr gehindert werden, weil das bei uns nicht die klassische Zeit für Rettungseinsätze ist.«

An Bord der BREMEN versuchen sich acht von neun Männern Stammbesatzung in der kleinen Küche mit Meerblick. »Dass alle mal am Herd stehen, kommt nicht zuletzt der Geschmackvielfalt zugute«, erzählt Vormann Guido Förster, der von sich sagt, dass er oft zu Hause neue Rezepte ausprobiert und

SK BREMEN

Dieser stumme Rabe und zwei weitere Artgenossen sorgen dafür, dass die Grömitzer Möwen dem Seenotkreuzer fern bleiben – ohne sie gibt es weniger zu putzen.

sie danach seinen Kollegen schmackhaft macht. So fand auch sein Rezept »Sauerkrautdorsch« in die Kombüse der BREMEN – und Freunde unter den Kollegen. »Es gibt schließlich noch andere Varianten als Bratfisch«, resümiert der 45-Jährige und lässt ein Stückchen Butter in die beinahe kochenden Kartoffeln gleiten. »Wellenberuhigungsöl«, meint er lakonisch. Der mittägliche Speiseplan für die Woche wird »grob« festgelegt und die eine oder andere Abweichung ohne viel Aufhebens zugelassen – zum Beispiel dann, wenn sich ein Fischer mit frischen Meeresprodukten erkenntlich zeigt, weil die Jungs von der BREMEN ihm aus einer misslichen Lage geholfen haben. »Oft sind das reichliche Portionen mit Dorsch oder Scholle. Wenn wir diese ›Spenden‹ zubereiten,

nennen wir das ›holländische Woche‹ (van Anderen)«, schmunzelt der Vormann. »Aber auch Niendorf hat einen guten Fischmarkt, bei dem Produkte aus der Ostsee verkauft werden. Da muss man aber schon um acht Uhr vor Ort sein, um was Gutes für die Pfanne zu bekommen.«

Wie andernorts auf den Kreuzern der DGzRS ist immer der Zeitfaktor entscheidend für das Küchenmanagement. Weil montags Wachwechsel auf der BREMEN ist – das heißt: zwei der vier Besatzungsmitglieder gehen für 14 Tage nach Hause und zwei neue kommen –, finden an diesen Tagen keine Kombüsenexperimente statt. »Dann gibt es meistens Nudeln mit irgendeiner Soße.« Selbst sonntags wird eher »einfach« gegessen, denn der Wachwechsel des nächsten

Die Mannschaft is(s)t zufrieden. Guido Förster bringt öfter neue Rezepte mit an Bord und macht sie seinen Kollegen schmackhaft.

Tages will gut vorbereitet sein. Allerdings frönt »Mann« an den Sonntagen und an den Seemannssonntagen (donnerstags) zumindest der Tradition, dass jedes Besatzungsmitglied ein gekochtes Ei (»medium«) zum gemeinsamen Frühstück bekommt. Hat der Dritte Maschinist Volker Erdmann Kombüsendienst, serviert er seine selbst ernannten Spezialitäten »Bratkartoffeln« oder »Kartoffelpü«. Kai Knudsen, Dritter Vormann, hat was für Suppen übrig (Kohlsuppe oder Käse-Lauch-) und lässt sich durchaus auch mal von appetitlichen Zeitschriftenrezepten inspirieren. Der Erste Maschinist Peter Schuppenhauer hingegen ist von seiner Frau zu Hause des Küchendienstes enthoben worden und erprobt sich auf dem Kreuzer höchstens mal im Zubereiten von Spiegeleiern.

Dass die Besatzung der BREMEN gerade in den Sommermonaten auch mal »auswärts« (das heißt: auf dem Festland) isst, muss einen nicht wundern. Aber auch dann sollte es schmecken. So reicht die Zeit, wenn auf der Ostsee kleine Jollen und schmucke Segler kreuzen und die Besatzung ob der vielen Schiffsbewegungen mit der BREMEN auf Kontrollfahrt ist, wenigstens für eine »unvergleichliche Thüringer Bratwurst« in Boltenhagen oder ein »einzigartiges Fischbrötchen« in Travemünde.

Grömitzer Fischplatte

Die Schollenfilets sowie die Dorsch- und Ostseelachsfilets enthäuten, mit Zitronensaft bestreichen und dann salzen und pfeffern. Die Crème fraîche mit etwas Weißwein verrühren, anschließend die Lachsfilets auf ein Backblech mit Backpapier legen, mit der Crème-fraîche-Mischung bedecken und bei circa 200 °C etwa 20 Min. überbacken.

In der Zwischenzeit die Dorschfilets zunächst in Mehl wenden, dann durch ein verquirltes Ei ziehen und in einer Pfanne circa 10 Min. anbraten.

Die Schollenfilets ebenfalls in Mehl wenden und circa 5 Min. scharf anbraten.

Tipp *Als Beilagen zum Fisch eignen sich Kartoffelgratin oder Salzkartoffeln sowie grüner Salat.*

Sauerkrautdorsch

1 große Dose Sauerkraut
2 Zwiebeln
250 ml Sahne
4 Dorschfilets
Zitrone
Mehl
Butterschmalz
Pfeffer, Salz
Muskatnuss

Das Sauerkraut gut abtropfen lassen und mit den gewürfelten Zwiebeln in einem größeren Topf in Butterschmalz anbraten. Die Sahne hinzufügen und etwas einkochen lassen, dann das Kraut mit Salz, Pfeffer und Muskatnuss abschmecken; die enthäuteten Dorschfilets mit Zitronensaft beträufeln und salzen und pfeffern, anschließend die Filets in eine große gefettete Auflaufform (oder Backblech) legen und das Sauerkraut so darauf verteilen, dass der Fisch bedeckt ist.

Den Sauerkrautdorsch circa 30 Min. bei 200 °C überbacken, bis er angebräunt ist.

Tipp *Als Beilage eignen sich Salzkartoffeln.*

Seenotkreuzer ARKONA
Länge: 27,5 m, Breite: 6,53 m
Tiefgang: 2,10 m
Geschwindigkeit: 23 Knoten
Tochterboot CASPAR
Geschwindigkeit: 17 Knoten

Warnemünde – Spezialitäten à la carte

Nach Warnemünde kommen viele gerne. Das Ostseebad, das erstmals 1821 als solches erwähnt wurde, hat das mondäne Etwas, aber auch gewachsene Historie. Das hat sich längst herumgesprochen, und so müssen die rund 6.500 Warnemünder ihr Zuhause das ganze Jahr über mit Erholung suchenden Gästen teilen. Richtig voll wird es zur Warnemünder Woche und zur Hanse Sail, denn diese maritimen Veranstaltungen ziehen jeweils eine Million Besucher an. Das ist die Zeit, in der sich der Ortsteil der Hansestadt Rostock bis über die Toppen geflaggt präsentiert, der schmucke Leuchtturm unentwegt umstanden und bestaunt wird und jeder, wirklich jeder am Alten Strom, dem ehemaligen Mündungsarm der Warnow, flanieren möchte.

Dort dümpelt an exponierter Stelle die ARKONA, ein Kreuzer der 27,5-Meter-Klasse der Deutschen Gesellschaft zur Rettung Schiffbrüchiger, Hingucker für alle See- und Sehleute und zweifellos das meistfotografierte Schiff in Warnemünde. Die Besatzung der ARKONA nimmt das gelassen. Auch den Rummel.

Der Seenotkreuzer ARKONA liegt am Alten Strom – Warnemündes maritime Flaniermeile. Wer mehr über die Deutsche Gesellschaft zur Rettung Schiffbrüchiger erfahren möchte, kann sich um die Ecke im Informationszentrum umschauen.

Alles sollte stets griffbereit sein. Das, was für das ganze Schiff gilt, hat ebenfalls in der Kombüse Priorität, meint Maschinist Mathias Hecht. Das gilt auch für das Tee-Ei, das seinen festen Platz am Feuerlöscher hat.

»Von hier wollte noch keiner von uns weg«, erzählt Vormann Karsten Waßner. Und er muss es wissen. Er war in der jüngeren Vergangenheit das, was man im Nachhinein als Mann der ersten Stunde bezeichnen kann. Seit 1989 ist Waßner beim Seenotrettungsdienst – damals noch unter der Flagge der DDR. Er erinnert sich gut. Mit dem 3. Oktober 1990 wurde der Seenotrettungsdienst der DDR eine Sache der DGzRS. Ein bewegender Funkspruch, der in der Nacht vom 2. auf den 3. Oktober 1990 um Punkt 0.00 Uhr über den Äther ging, macht die menschliche Komponente der Wiedervereinigung deutlich: *»MRCC Bremen von Seenotleitstelle Rostock/Warnemünde!« »Hallo, RCC Warnemünde, Moin, Moin!« »Herzlichen Glückwunsch zur Wiedervereinigung, liebe Kollegen, und fortan gute Zusammenarbeit unterm roten Hansekreuz!« »Denn man gute Nacht und herzliche Grüße an euren Seenotkreuzer STOLTERA!«* Als an jenem 3. Oktober um 10 Uhr auf allen Stationen gleichzeitig die neuen Flaggen gehisst wurden, brach eine andere Zeit an, denn von jetzt auf gleich wurde das Einsatzgebiet der Gesellschaft um ein Drittel vergrößert: Elf Stationen, 15 fest angestellte und 135 freiwillige Rettungsmänner kamen hinzu. Es herrschte Aufbruchstimmung – und schon im November desselben Jahres konnte der neue Warnemünder Seenotkreuzer VORMANN JANTZEN getauft werden; 1995 waren schließlich alle Stationen

an den Küsten Mecklenburg-Vorpommerns technisch auf Kurs.

»Die STOLTERA war im Prinzip ein kleiner Schlepper, in Polen gebaut«, erzählt Karsten Waßner. An das Schiff erinnert eine Bronzetafel mit geprägter Silhouette in der Messe der ARKONA und ein Gericht, das STOLTERA-Spezial heißt. Es kommt regelmäßig auf den Tisch und besteht aus Grützwurst, Sauerkraut und Kartoffeln. Gekocht wird abwechselnd auf dem Kreuzer. Der Speiseplan entsteht dienstags, dann, wenn auch für die Woche eingekauft wird und die Männer von Bord gehen, die ihre 14-Tage-Schicht um haben.

Um das Angebot der kommenden Tage schmackhaft zu machen, wird dann auch die kleine Mappe aktualisiert, in der die Mahlzeiten angekündigt werden – »Willkommen in der Spezialitätenkantine SK ARKONA« ist sie überschrieben. »Das haben wir mal aus einem Spaß heraus entwickelt – insbesondere, wenn freiwillige Retter mit an Bord sind«, so Waßner. Unter den Rubriken »Frühstück«, »Mittag« und »Abend« ist vermerkt, was die Kombüse an den jeweiligen Tagen verlässt. Der Donnerstag – bekanntlich der »Seemannssonntag« – wird kulinarisch so gewürdigt wie der christliche Sonntag: mit Braten oder etwas Feinem. Montags gibt es Nudeln, an den Samstagen meistens Eintopf. Frühstück ist um 7.30 Uhr, ein

Crewmitglied holt die Brötchen, einer macht den Kaffee. Rund um 10 Uhr ist Zeit für ein anderes aromatisches Heißgetränk – das Tee-Ei hängt griffbereit am Feuerlöscher. Das Mittagessen kommt wie andernorts um 12 Uhr auf den Tisch. »Wenn wir just dann zu einem Einsatz gerufen werden, bringen wir die Töpfe fix an Land«, erzählt Maschinist Mathias Hecht. Es hat nämlich schon mal eine harmlose Fahrt auf spiegelglatter See gegeben, bei der die Koteletts samt Spargel durch die Kombüse flogen. »Auf See kommt immer was Unverhofftes«, weiß der Vormann, der seinen Jungs an Bord hin und wieder seine pikant gewürzte »Spanische Pfanne« serviert. »Knoblauch, Curry, Gewürze müssen sein!«

Ob der Hafenlage der ARKONA steht auch häufig Fisch auf der Tageskarte – frisch versteht sich, denn die Fischer wissen die Nähe der Seenotretter zu schätzen. Da der Stationsschuppen direkt vor dem Kombüsenfenster steht, wird der Fisch nicht selten zuvor im Rauch veredelt oder im Sommer gegrillt. Im Schnitt wird die ARKONA zu fünfzig Einsätzen im Jahr gerufen. »Es gibt auf See viel technisches Malheur«, sagt der Vormann mit Blick auf die Logbücher der vergangenen Jahre. Die Betroffenen sind Segler, Motorbootfahrer, Fischer oder Frachterbesatzungen, denn das Wasser vor Warnemünde wird stark frequentiert.

Auch medizinische Hilfeleistungen für Reisende von Kreuzfahrtschiffen kommen vor. Schon mancher Schiffbrüchiger hatte ob der konsequenten Präsenz der ARKONA-Besatzung Glück im Unglück und weiß das lange danach noch zu schätzen. »Es gibt Leute, die regelmäßig an ihrem Jahrestag vorbeikommen, um ›Hallo‹ zu sagen. Die haben das eiskalte Wasser wohl noch in Erinnerung. Und dass sie sich dabei auch an uns erinnern, freut uns natürlich. So wie sie uns dann auch ohne Kuchen willkommen sind!«, sagt Karsten Waßner mit einem Augenzwinkern.

À la carte: Vormann Karsten Waßner zeigt die Speisen der Woche, die in dieser Mappe angekündigt werden. Was die »Spezialitätenkantine SK ARKONA« verlässt, findet garantiert hungrige Abnehmer – oft ist Senf dabei.

Nudelauflauf

500 g Hähnchenbrustfilet (oder Pute)
500 g Rahmblattspinat
2–3 mittelgroße Zwiebeln
2–4 Knoblauchzehen
1 Paket Fetakäse
400–500 g Reibekäse
4–5 Tomaten
500 g Nudeln (z. B. Penne)
Pfeffer, Salz, Paprikapulver

Den Rahmblattspinat antauen lassen. Das Hähnchenbrustfilet in Stücke schneiden und mit den klein geschnittenen Zwiebeln und dem Knoblauch anbraten. Die Nudeln kochen, dann ⅔ der Nudeln mit dem angebratenen Filet vermischen, in einer Auflaufform verteilen und den Spinat darüber geben. Den Fetakäse in kleine Stücke schneiden und auf den Spinat streuen, zum Schluss die restlichen Nudeln darüber verteilen und etwas Rapsöl darüber geben. Bei 180 °C circa 30 Min. überbacken, danach in Scheiben geschnittene Tomaten über dem Auflauf verteilen und mit Salz und Pfeffer würzen. Abschließend den Reibekäse auf den Tomaten verteilen und nochmals 20 Min. im Ofen bräunen.

Schmorkohl

Für 6 Personen oder 4 Seenotretter
1 mittlerer Kopf Weißkohl
1 kg Hackfleisch
4 mittlere Zwiebeln
2 Eier
Semmelmehl oder Brötchen
Kümmel, Salz, Pfeffer
Margarine

Das Hackfleisch mit den zerkleinerten Zwiebeln, den Eiern und dem Semmelmehl mischen und mit Salz und Pfeffer würzen, dann aus der Hackmasse kleine Fleischklößchen formen und braten.

Anschließend den Weißkohl putzen, klein schneiden und mit Margarine anschmoren. Den Kohl mit Wasser aufgießen und gar kochen – dabei ein mit Kümmel gefülltes Tee-Ei mit in den Topf geben.

Zum Schluss die Fleischklößchen hinzufügen und das Ganze eventuell ein wenig andicken.

Tipp *Dazu passen Salzkartoffeln.*

Verlorene Eier süßsauer

Speck und Zwiebeln anbraten und unter Zugabe von Mehlschwitze eine Soße zubereiten, die mit Zucker, Essig, Pfeffer und Salz süßsauer abgeschmeckt wird. Essigwasser (pro Liter 3 EL Essig) zum Kochen bringen und darin die Eier pochieren.

Kartoffeln in Salzwasser kochen, das Kochwasser abgießen und die Kartoffeln unter Zugabe von Milch und Butter zu einem Brei stampfen. Anschließend die pochierten (verlorenen) Eier in die Soße geben und mit dem Püree servieren.

Grillhaxe / Kasslerhaxen

Die Grillhaxen sollten 2–3 Tage vorher gepökelt werden. Die Haxen mitsamt dem Gemüse, den Zwiebeln, den Lorbeerblättern und den Pimentbeeren in einem Schnellkochtopf kochen – je nach Größe der Haxen etwa 1 Stunde. Die Haxen anschließend auf ein Backblech legen und im Ofen ordentlich bräunen – oder aber sommers auf dem Grill rösten. Den Fleisch-Gemüse-Sud durch ein Sieb gießen, mit Mehl andicken und mit saurer Sahne und Salz und Pfeffer abschmecken.

Tipp *Dazu schmecken Salz- oder Pellkartoffeln.*

E.L.N.A Rasterscan
COSALT
D S B
STRÖBER

Darßer Ort – Die kopierte Köstlichkeit

Der Natur wegen liegt zwischen der DGzRS-Station »Darßer Ort« und dem Rest der Zivilisation eine Schranke. Dort, an der Nordspitze der Halbinsel Darß, verkehren jene Leute, die im bewaldeten Camp Bruchten am Bodden Urlaub machen möchten und das ganze Jahr über die Seenotretter. Der Kreuzer THEO FISCHER hat seinen Liegeplatz in einem Nothafen, der in den 1960er-Jahren von der Volksmarine der DDR als Militärhafen eingerichtet, indessen aber weitestgehend zurückgebaut worden ist. Neun Mann Stammbesatzung sind hier an 365 Tagen einsatzbereit, immer vier in einer Schicht und zwei in einer Kammer. »Zur Crew gehören zwei in grünen Hosen, das sind die, die schon Grünspan angesetzt haben. Und zwei mit roten Hosen, damit wir sie wiederfinden können«, grinst Frank Weinholt, Dritter Vormann. Und fügt schmunzelnd hinzu: »So wie wir die Nautiker gerne ›die Fenstergucker‹ nennen.«

Doch die Stimmung an Bord ist oftmals nicht so unbeschwert, wie man es hier in der Einsamkeit des Nationalparks Vorpommersche Boddenlandschaft vermuten möchte. Im Schnitt rückt die THEO FISCHER 80 Mal im Jahr aus. »Die Kadetrinne ist unser Hauptgebiet«, erzählt Weinholt. Dieses Seegebiet zwischen

Der Seenotkreuzer THEO FISCHER hat seinen Liegeplatz in einem Nothafen an der Nordspitze der Halbinsel Darß.

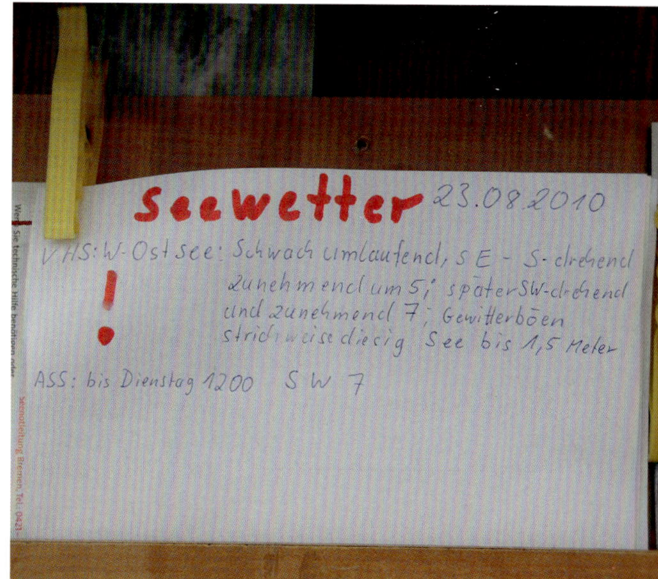

Hilfeleistung hat viele Aspekte. Hier wärmt Andreas Lange ein Gläschen mit Babykost in der Mikrowelle auf, damit die jungen Eltern ihren Spaziergang unbeschwert fortsetzen können. Segler, die den Nothafen nutzen müssen, finden ein tägliches Seewetter-Bulletin im Infokasten der Station – von den Seenotrettern bereitgestellt.

der deutschen Halbinsel Fischland-Darß-Zingst und der dänischen Insel Falster erstreckt sich über eine Länge von zwanzig Seemeilen und hat den Ruf eines der schwierigsten und gefährlichsten Gewässer der Ostsee zu sein. Jährlich passieren rund 65.000 Frachtschiffe, Tanker, Fähren und Fischtrawler die »Kadetrinne« und machen sie so zu einem der stärksten befahrenen Seewege Europas. Die meisten Vorfälle ereignen sich zwischen April und September, dann, wenn zudem viele Freizeitsegler unterwegs sind. Mancher selbst erklärte Skipper überschätzt sein Können, wenn die See urplötzlich auffrischt; andere Wassersportler unterschätzen mit den Jahren ihr fortgeschrittenes Alter und brechen an der Pinne zusammen. Diesen und anderen ist nicht damit geholfen, dass der alte Leuchtturm »Darßer Ort« alle 22 Sekunden sein Signal über die Ostsee schickt und vor den Untiefen der Darßer Schwelle warnt. »Nicht gerade selten bekommen wir Notrufe von Skipperfrauen, die zwar mit auf dem Boot sind, aber uns über Position und Schiff nicht mehr sagen können, als dass ihr Segel weiß ist.« Da ist Schnelligkeit gefragt, aber ebenso Routine. »Wir sind immer so vorbereitet, dass wir innerhalb von fünf Minuten ablegen können!«

Der Alltag auf der THEO FISCHER geht um 6 Uhr los. Immer derjenige, der den Kreuzer fährt, macht das Frühstück – also der Vormann. Müsli oder Marmeladenbrötchen sind gefragt, an Seemannssonntagen und sonntags sind Eier opportun. Danach heißt das Motto »Klar Schiff machen«, alle zwei bis drei Tage schließen sich Kontrollfahrten an. Mittagessen gibt es um 12 Uhr. Das, was dann auf den Tisch kommt, wird dienstags gemeinschaftlich besprochen – das ist auch der Schichtwechsel- und Einkaufstag. »Alle kochen mal. Manche von uns fabrizieren nur ein Gericht, weil sie tatsächlich nur das eine können. Die anderen kochen eben mehr, weil sie auch Spaß daran haben«, berichtet der Vormann. Was in den Topf kommt, ist frisch, versichern die Männer. Nur eine Ausnahme gibt es, bei der ein Fertigprodukt aus der Tüte eingerührt wird: die »Schlickwurmpfanne«. »Das ist Kais Kreation. Nudeln, die in Tomatensauce schwimmen. Da ist mal was Schlimmes passiert – und dann kam das dabei heraus«, frotzeln seine Kollegen.

Damit die Mahlzeiten eine würzige Note bekommen, greift der jeweilige Kombüsenregisseur sommers in die »Darßer Kräuterbox« – in ihr gedeihen unter freiem Himmel unter anderem Schnittlauch und Petersilie. Aber auch andere Gewürze sind gefragt. »Knoblauch gerne und viel, allein schon, um fremde Frauen vom Schiff fernzuhalten«, heißt es. Dass Meeresfrüchte zur Verpflegung gehören ist so selbstverständlich wie die Tatsache, dass sich in »Darßer Ort« und umzu etliche Fischer verdingen, die nicht nur bei Sturm auf die Seenotretter zählen. Weil es auf der THEO FISCHER außerdem zwei Besatzungsmitglieder gibt, die etwas von der Kunst des Räucherns verstehen, mangelt es in Sachen Fisch nicht an schmackhaften Varianten. Doch es geht nicht nur deftig zu in der Kreuzer-Kombüse. Immer mal wieder frönt die Besatzung ihrer Begeisterung für eine Nachspeise, die ihnen Weihnachten 2007 das erste Mal serviert wurde: die »Grömitzer Schlaggermaschü«. »Zu jener Zeit haben wir mit dem Kreuzer bei den Kollegen in Grömitz gelegen«, erzählt Andreas Lange, Dritter Vormann. »Und diese kalorienreiche, süße Köstlichkeit haben wir dann gleich mal auf dem Darß kopiert.« Andreas

Lange ist auch derjenige, der die »Kolberger Mandelplatte« auf der THEO FISCHER salonfähig gemacht hat. Ein Rezept seiner hochbetagten Schwiegeroma Martha aus besagter Stadt (heute: Kołobrzeg), das sich innerhalb einer halben Stunde in einen »butterduftenden« Blechkuchen verwandelt. Dass der noch nie vor dem Austrocknen gerettet werden musste, versteht sich von selbst.

Andreas Lange und Frank Weinholt blättern in einem Kochbuch von 1887 – ganz offensichtlich ein Fundus für neue Gerichte. Erinnerung an Theo Fischer in der Messe. Der Maschinist verlor 1995 während eines Einsatzes mit dem Borkumer Seenotkreuzer ALFRIED KRUPP sein Leben.

Grömitzer Schlaggermaschü

Die Schlagsahne mit dem Zucker steif schlagen, den Frischkäse und den Schmand hinzufügen und alles gut miteinander verrühren.

Die Himbeeren zuckern (oder Sauerkirschen), in eine Schale geben und die angerührte Masse darauf verteilen. Oben mit braunem Zucker bestreuen und dann für einige Stunden in den Kühlschrank stellen. Fertig!

Kolberger Mandelplatte
(von Oma Martha)

Die Sahne mit einem »Sahnebecher« voll Zucker, 2 »Sahnebechern« Mehl, den Eiern und dem Backpulver sorgfältig verrühren. Ein Backblech mit Backpapier auslegen und den Teig gleichmäßig darauf verteilen. Das Blech für circa 15 Min. in den Backofen schieben (bei 180 °C).

Während dieser Zeit die Butter zerlassen und mit einem »Sahnebecher« Zucker, dem Vanillezucker und 3 EL Milch vermengen. In diese Masse zum Schluss die Mandeln unterrühren.

Das Blech nach 15 Min. aus dem Ofen holen, die Mandelmasse auf dem Teig verteilen und nochmals 10 Min. backen, bis die Mandeln goldbraun erscheinen.

Schlickwurmpfanne

Für 6 Personen oder 4 Seenotretter
500 g Gehacktes
300 g Nudeln (Spirelli)
2 Tüten Bolognese-Fix
3 Tüten Reibekäse
2 Becher saure Sahne
oder Schmand
1 Dose geschnittene
Champignons
½ Tube Tomatenmark
Ketchup
Salz, Pfeffer
Oregano, Basilikum

Die Nudeln kochen. Das Hackfleisch mit Salz, Pfeffer, Oregano und Basilikum würzen und anbraten. Die Pilze abgießen (das Pilzwasser zurückbehalten) und die Pilze zu dem Hack hinzufügen. Alles gut vermengen und auch das Tomatenmark und ein wenig Ketchup in die Hackmasse unterrühren.

Für die Soße: Das Pilzwasser und etwa 2 Tassen Wasser in einen Topf geben, das Bolognese-Fix einrühren, langsam aufkochen und zum Schluss die saure Sahne hinzufügen. Die Soße zu dem Hack geben und auch die bissfest gekochten Nudeln unterheben, dann die Nudel-Hackmischung in eine Auflaufform schichten.

Tipp *Eine Schicht Nudelhack, dann Reibekäse, dann wieder eine Schicht Nudelhack, zum Schluss wieder Reibekäse darüber geben. Den Auflauf bei 150 °C im Backofen überbacken, bis der Käse schön gebräunt ist.*

DGzR
WILHELM KAISEN
DIE SEENOTRETTER
DGzRS
SAR

Sassnitz – Mit Wildschwein im Einsatz

In Sassnitz kann man sich staatlich anerkannt erholen und dabei weithin die Ostsee im Blick haben. Wie sehr die Stadt auf der Halbinsel Jasmund im Nordosten von Rügen mit dem Meer verbunden ist – und umgekehrt –, symbolisiert der Leuchtturm im Wappen. Im Hafen pulsiert es. Sassnitz ist Seebad, moderner Fährhafen und wichtiger Standort für die Fischerei. Die Schiffe kommen und gehen, deshalb flanieren die Leute auf der längsten Außenmole Europas nicht nur, wenn Sassnitz zur »Molensoiree« einlädt.

Die Station der Deutschen Gesellschaft zur Rettung Schiffbrüchiger gehört zu den ältesten in ihrer Geschichte. Schon 1866 – zunächst in Neu-Mukran, ab 1873 in Sassnitz – wurden Raketenapparate eingesetzt, um Leinenverbindungen zu havarierten Schiffen schaffen zu können. Im Jahre 1912 rückte von Sassnitz das erste Motorrettungsboot DR. ALFRED VON DER LEYEN aus, seit 2003 ist der Seenotrettungskreuzer WILHELM KAISEN auf Station. Dazwischen liegen Jahrzehnte des technischen Fortschritts und eine kontinuierliche Entwicklung der Seefahrt. Um

Der Seenotkreuzer WILHELM KAISEN passiert die Sassnitzer Mole nach einem morgendlichen Einsatz. Danach heißt es »festmachen« für Vormann Hartmut Mühlwald und Jonny Fomien, der oft als Freiwilliger an Bord aushilft.

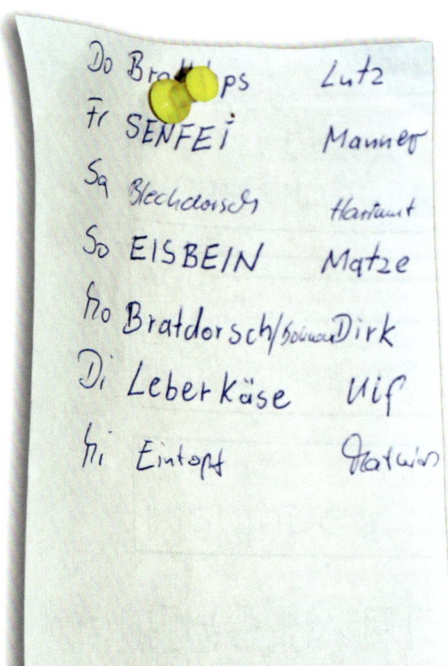

Der Speiseplan der Woche beweist: Der Koch wechselt täglich. Manfred Lucas bereitet einen Krautsalat zu und verrät, dass der deshalb »so gut schmeckt, weil er von Maschinistenhänden geknetet wird«.

dem Rechnung zu tragen, gehören zur Stammbesatzung der KAISEN heute 13 Männer, von denen sechs Rettungsleute ständig an Bord sind und jeweils 14 Tage bleiben. Manchmal ist der sechste Mann auch ein Freiwilliger, denn die Station hat beinahe ein Dutzend bewährter Leute in Reserve, die gerne mal für ein paar Tage aushelfen. Schichtwechsel ist mittwochs. Dann kommen drei neue Retter und drei, die ihre 14-Tage-Schicht rum haben, gehen von Bord. Somit bleiben immer drei Besatzungsmitglieder von der Vorwoche auf der KAISEN. »Das hat sich in Sachen Informationsfluss so bewährt«, erzählt Vormann Hartmut Mühlwald.

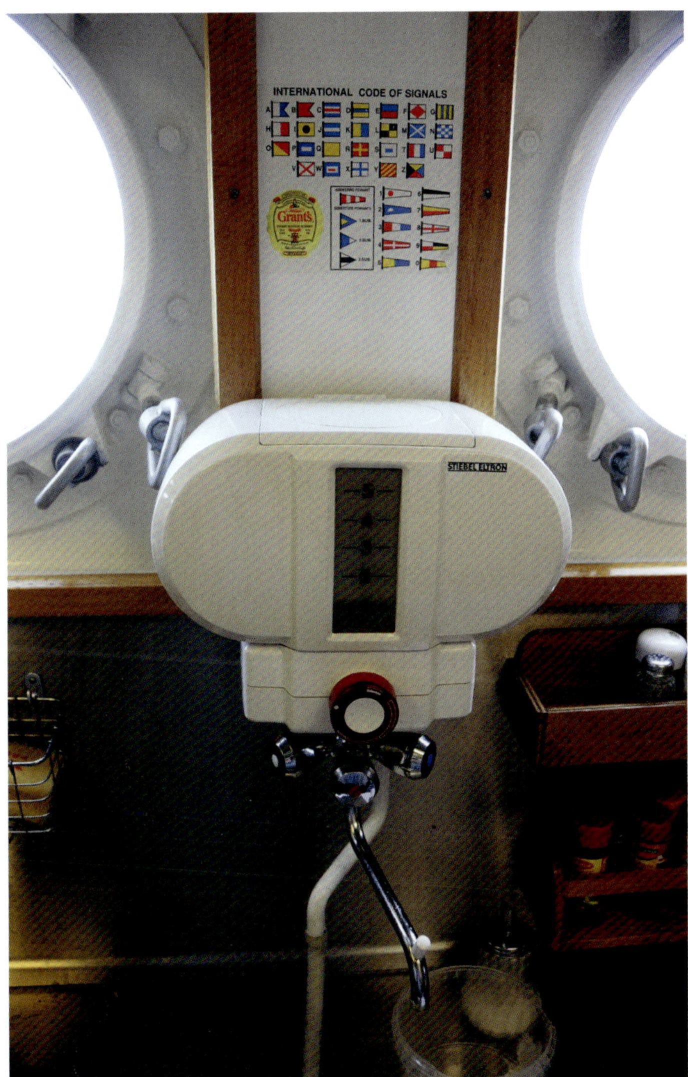

Der Aufkleber mit den »International Code of Signals« ist ein Relikt aus jener Zeit, als die Wilhem Kaisen auf Helgoland stationiert war. Auf dem neuesten Stand ist dagegen der Bestand an Rettungswesten, die der Vormann inspiziert.

Nachdem mittwochmorgens die wichtigsten Dinge ausgetauscht worden sind, wird mit den Neuen noch am selben Vormittag der Speiseplan für die kommenden Tage besprochen − und schriftlich festgehalten. Anschließend wird der schnörkellose Wochenüberblick neben dem Eingang zur Kombüse befestigt. Gleich neben der Türglocke, denn der Kreuzer hat an seinem Anleger tatsächlich eine Klingel und einen Briefkasten mit der schlichten Postadresse »Liegeplatz Hafen, Westmole, 18546 Sassnitz«. Die Klingel erspart der Mannschaft die Nachtwache. Wird die laut oder tut sich etwas über Funk, macht die Besatzung tagsüber innerhalb von fünf Minuten die Leinen los. »Nachts sind das verständlicherweise zwei, drei Minuten mehr«, beschreibt der Vormann und versichert, dass es auch schon vorgekommen ist, dass seine Jungs beim Ablegen noch in Hauslatschen steckten. »Wenn draußen irgendwo Panik herrscht, geben wir eben Gas!« Etwa 40 Mal im Jahr wird die Bereitschaft der Kaisen auf die Probe gestellt. Darunter sind auch Helikopter-Einsätze, denn der Kreuzer hat eine Arbeitsplattform, um den »Christoph 47« der Rettungsleitstelle Rügen samt Notarzt aufnehmen zu können. »Das ist natürlich eine Frage der Wetterverhältnisse.

Entweder der ›Christoph‹ landet oder der Notarzt wird bei zu heftigen Windstärken gewinscht.« In solchen Ernstfällen können die geborgenen Verletzten im Bordhospital der KAISEN notärztlich versorgt werden, während der Kreuzer bereits wieder Kurs auf die Station nimmt.

Ob die Nacht kurz und ereignisreich war oder geruhsam: Wie auf den anderen Stationen üblich, frühstückt die Crew um sieben Uhr, um zehn und 15 Uhr wird Kaffee aufgebrüht. Natürlich immer vorbehaltlich, dass sich See und Sprechfunk ruhig verhalten. »Wir hören nur nach Osten«, schmunzelt Vormann Hartmut Mühlwald und fügt rasch hinzu, dass es tatsächlich schon Tage gegeben hat, an denen »ein leckeres Eisbein« im Ausguss landete, weil der Kreuzer

sofort ausrücken musste. Der Koch wechselt täglich. Ist keine Gefahr im Verzug, dampft das Essen um 12 Uhr auf dem Tisch in der Messe. »Wenn Orkan gemeldet ist, gibt es eben mittags was Einfaches«, grinst Maschinist Manfred Lucas, der gerne in der Kombüse steht. So wie er sich gerne – und die anderen nicken unisono – an das Stück Wildschwein erinnert, das im Ofen garte, als sie zu einem Einsatz gerufen wurden. »Das war der beste Braten, den wir je hatten, denn der wurde durch den Wellengang ja quasi wie im Fett geschwenkt. Als wir wieder im Hafen waren, war das Wildschwein knusprig und wir hatten natürlich entsprechend Hunger. Und was soll ich sagen: Lecker!«

Anders verhielt es sich einmal an einem kalten Winterabend, an dem sich die Crew deftigen Grün-

Die WILHELM KAISEN gehört seit 1978 zur Flotte der DGzRS. Im Jahr 2012 wird die Gesellschaft der Station Sassnitz einen neuen Kreuzer zur Verfügung stellen.

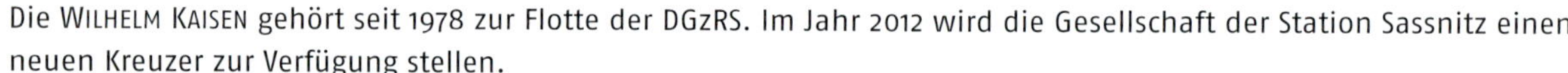

kohl mit »ordentlich Speck« gegönnt hatte – nicht ahnend, dass ihr noch eine Rettungsfahrt mit elf, zwölf Windstärken bevorstand. »Das ist den meisten von uns dann nicht so gut bekommen«, erzählt Manfred Lucas. Ein Vegetarier hätte es an Bord der WILHELM KAISEN nicht leicht. Ein Gemüseeintopf ohne Fleisch – undenkbar. Auch Fisch ist regelmäßig auf dem Speiseplan, denn die in Sassnitz ansässigen Fischer machen der Mannschaft vom Seenotrettungskreuzer günstige Preise. So kommt es unter anderem zu Kombüsen-Kreationen wie »Blechdorsch« oder »Hornfisch, süß-sauer eingelegt«. Und auch die Jäger aus dem Umland liefern hin und wieder etwas Frisches, das hernach im Ofen als gespickter Rehrücken brutzelt. Die einstmals nette Geste, die der Crew einige Gänse bescherte,

ruft im Nachhinein eher gemischte Gefühle hervor, denn das Federvieh musste ja zunächst gerupft werden. An Seemannssonntagen und am siebten Tag der Woche verlässt immer was Besonderes die Kombüse. Das sind auch die Mittage, an denen es Nachtisch gibt. Die süße Palette reicht von Eis mit heißen Früchten bis hin zu Pudding oder rote Grütze. An Feiertagen wird ebenfalls entsprechend gekocht – wie zu Hause eben. Und an Geburtstagen darf Kuchen nicht fehlen. Die Zeiten, als solche kalorienreichen Köstlichkeiten öfter auf dem Tisch standen, sind vorbei. »Das wurde uns zu gefährlich!«, sind sich die Sassnitzer Seenotretter einig.

Um 12 Uhr steht das Essen auf dem Tisch – und findet bei der Mannschaft ungeteilte Aufmerksamkeit. Das gehört ebenso zur Borddisziplin wie die stete Einsatzbereitschaft.

Tote Oma

Für 8 Personen oder 6 Seenotretter
1½ kg Grützwurst
2 saure Äpfel
2 große Zwiebeln
Pfeffer, Thymian

Die Grützwurst in Würfel schneiden und (ob der Menge) in 2–3 Pfannen verteilen, mit Pfeffer und Thymian würzen, zunächst anbraten und dann bei kleiner Flamme weiter köcheln lassen – dabei eventuell auch mit Salz abschmecken.

Indessen die Äpfel und Zwiebeln in kleine Würfel schneiden und in einer Pfanne anschwitzen lassen. Zum Schluss Äpfel, Zwiebeln und Grützwurst vermengen.

Tipp *Mit Stampfkartoffeln und Sauerkraut servieren.*

Senfeier mit Krautsalat

Für 8 Personen oder 6 Seenotretter
12 Eier
Senf
Butter
Brühe
Mehl
1–2 mittlere Kohlköpfe
Oliven- oder Rapsöl
Zitronensaft
Kümmelpulver, Pfeffer
Zucker, Salz

Den Kohl klein schneiden oder raspeln, 2–3 TL Salz und Kümmelpulver unterrühren und mit den Händen durchkneten. Den Kohl danach 1 Stunde ziehen lassen, dann mit Zitronensaft, Zucker und Pfeffer abschmecken und wiederum ziehen lassen – dabei mehrfach umrühren. Den Kohl vor dem Anrichten mit 4–5 EL Öl vermengen – das Öl nicht zu früh unterrühren, damit der Kohl nicht seine knackige Konsistenz verliert!

Die Eier circa 8 Min. kochen, abschrecken und pellen. Für die Soße Butter auslassen und eine Mehlschwitze anrühren. Brühe hinzufügen und mit 3–4 EL Senf abschmecken. Je nach Geschmack 1–2 EL Zucker hinzugeben.

Tipp *Die Senfeier mit Krautsalat schmecken am besten mit Salzkartoffeln.*

Feine Sassnitzer Kräutermatjes

Für 8 Personen oder 6 Seenotretter

800 g Kräutermatjes
4 Becher saure Sahne
2 Becher Schmand
2 geschnittene Äpfel
2 geschnittene Zwiebeln
einige Spritzer Kondensmilch

Die Kräutermatjes in feine Stückchen schneiden, mit den anderen Zutaten in einer großen Schüssel vermengen und circa 12 Stunden ziehen lassen.

Tipp *Dazu schmecken Pellkartoffeln.*

Sassnitzer Blechdorsch

Für 8 Personen oder 6 Seenotretter

circa 1½ kg Dorschfilet
Bauchspeck
2 mittlere Zwiebeln
1 Stück Butter (250 g)
Senf, Ketchup
Gemüse (z. B. 2 Beutel Kaisergemüse)
2–3 Gläser Meerrettich
Salz, Pfeffer
Zitronensaft
etwas Mehl

Ein Backblech mit dünn geschnittenem Speck auslegen. Das Dorschfilet mit Zitronensaft beträufeln, salzen und pfeffern und anschließend auf dem Speck auslegen. Den Fisch nach Geschmack mit Senf und Ketchup bestreichen und dann mit Zwiebelringen belegen.

Das Gemüse kurz aufkochen (Blumenkohl und Brokkoli nicht mit aufkochen), abgießen (Sud aufbewahren) und auf dem Dorsch verteilen. Das Ganze eventuell mit Salz und Pfeffer würzen, erneut mit dünnen Speckscheiben abdecken und darüber die Hälfte des Butterstückes verteilen. Das Blech mit Alufolie abdecken und für circa 1 Stunde bei 180 °C backen.

Für die Soße die restliche Butter mit etwas Mehl zu einer Mehlschwitze anrühren – aufgegossen wird die Mehlschwitze mit der Flüssigkeit vom Backblech und der Gemüsebrühe. Zum Schluss den Meerrettich in die Soße einrühren und mit Salz, Pfeffer, Zitrone und Zucker abschmecken.

Tipp *Dazu passen am besten Salzkartoffeln.*

Greifswalder Oie – Petersilie muss sein

Die Insel »Greifswalder Oie« ist so ein Stückchen Welt, von dem man erzählen könnte, dass sich dort Hase und Fuchs »Gute Nacht« sagen. Tatsächlich fühlen sich hier viele Siebenschläfer wohl, die sich irgendwann auf den Weg über die zugefrorene Ostsee gemacht haben und seither die meiste Zeit des Jahres auf Deutschlands östlichster Insel schlichtweg verschlafen. Sie lassen sich nicht vom Blinzeln des Leuchtturmes stören, der seit 1855 von der »Oie« aus sein Licht aufs Meer hinausschickt, und auch nicht vom Gekreisch der Seevögel, die in großer Zahl auf dem Eiland rasten. Sie kennen auch das Geblöke der Heidschnucken wie im Schlaf. Darum muss es einen nicht wundern, dass sich die nacht-

aktiven Nager, wenn sie denn mal wach sind, auch von den Seenotrettern der Deutschen Gesellschaft zur Rettung Schiffbrüchiger nicht beeindrucken lassen. Nur ab und an kommt es zu einem Stelldichein – beispielsweise an jenem Morgen, als Vormann Bodo Breuhahn eines der possierlichen Tierchen im Badezimmer an der Duschstange entdeckte. Für Tier und Mensch eine Überraschung, denn unangemeldeten Besuch gibt es auf der Insel nicht.

Die »Greifswalder Oie« liegt in der Pommerschen Bucht, die sich wiederum in der südlichen Ostsee befindet und zu Mecklenburg-Vorpommern gehört. Vor und während des Zweiten Weltkrieges war die Insel militärisches Sperrgebiet und Startareal für Raketen

Vormann Bodo Breuhahn manövriert den Seenotkreuzer EUGEN in den Nothafen der Greifswalder Oie. Die Seenotretter leben auf Deutschlands östlichster Insel, die als Naturschutzgebiet ausgewiesen ist, in einem Stationshaus mit Geschichte.

Bis zu 50 Mal im Jahr rückt
die EUGEN zu Einsätzen aus.
Nicht selten nachts.

der Heeresversuchsanstalt Peenemünde; zu Zeiten der DDR war auf dem Eiland eine Grenzsicherungseinheit stationiert. Seit 1995 ist die »Oie« als Naturschutzgebiet ausgewiesen. Auf etwa 54 Hektar findet sich eine besondere Flora und Fauna, und damit das so bleibt, ist der Tourismus, der seine Anfänge 1877 hatte, stark reglementiert. Nicht mehr als fünfzig Besucher dürfen während der Saison täglich für etwa zwei Stunden auf die Insel kommen – das reicht für eine Leuchtturmbesichtigung und eine kleine Wanderung zur Nordspitze. Andere informieren sich auf dem Inselhof des Vereins Jordsand, der seit 1993 den Vogelzug im Bereich der »Greifswalder Oie« erforscht und auf der Insel im Jahr rund zwanzigtausend Vögel beringt.

Auch wenn man sich mit Kaffee oder Bockwürstchen auf dem Ausflugsdampfer SEEADLER versorgen muss, der die Insel von Freest oder Peenemünde aus ansteuert: »Auf der ›Oie‹ würde mancher gerne länger bleiben«, erzählt Bodo Breuhahn. Er hat dieses Privileg alle 14 Tage für zwei Wochen und das seit fünf Jahren. Von einem Inselkoller will der Vormann nichts wissen. Er vermisst die Zeit nicht, in der er auf Großer Fahrt oft monatelang unterwegs war. Maschinist Peter Weiß wüsste gar nicht, was er vermissen sollte, denn die »Oie« ist seit zwanzig Jahren sein Refugium. Marco

Klossek fühlt sich hier seit drei Jahren wohl, hier, wo andere sich gerne mal eine Auszeit nehmen würden. Dennoch darf man das Eiland, auf dem eines der stärksten Leuchtfeuer der Ostsee steht und das als einer der sonnenreichsten Orte Deutschlands gilt, nicht mit einer Idylle verwechseln.

Rund um die Uhr ist das Funkgerät der Seenotretter auf Empfang und meldet sich häufig – auch ob mancher Überreichweite von UKW-Kanal 16. »In jeder Kammer ist ein Lautsprecher«, erklärt der Vormann. Heißt es »Einsatz«, muss die dreiköpfige Mannschaft, die in der früheren Lieutenantsunterkunft der Wachbrigade »Küste« lebt, nur die kleine Straße hinunterlaufen, um in den sogenannten Schutzhafen der »Oie« zu gelangen. Der Seenotkreuzer EUGEN liegt dort für sich, denn in den Nothafen dürfen andere Schiffe nur dann einlaufen, wenn ihnen beispielsweise eine Havarie droht oder die Wetterverhältnisse entsprechend widrig sind. Bis zu fünfzig Einsätze im Jahr fahren die Seenotretter von hier aus. Oft nachts. »Manchmal bergen wir Segler, die gar nicht wissen, wo sie sind«, kann »Oie«-Veteran Peter Weiß berichten. Dienstags ist »Ablöse«. Das heißt, wer von der Crew seine 14 Tage Schicht rum hat, geht in Freest an Land und für zwei Wochen nach Hause. Das ist auch der Tag, an dem

beim Lebensmittelhändler an der Dorfstraße eingekauft wird – dort, wo auch die Post für die Station
»Greifswalder Oie« eingeht. Die Warenliste mit den
»gängigsten Dingen« wird zuvor gemeinschaftlich
komplettiert. Besondere Wünsche werden beizeiten
per Telefon an »Gitti« durchgegeben, die dann alles
da hat, wenn die Jungs von der Insel kommen. Ein
Vorrat an »Bowu« (Bockwurst) sollte immer da sein,
ebenso Mischbrot, »Rohlinge« und »Schusterjungen«
(weiße und dunkle Brötchen). Damit bei Bedarf nichts
fehlt, werden regelmäßig in der geräumigen Kühl-
truhe die Bestände an Fleisch und Fisch gesichtet.
Erst recht im Winter. Überhaupt, bevor der anfängt,
wird der gesamte Proviant noch einmal besonders
inspiziert – was ist da an Kartoffeln, Zwiebeln, Brot,
Wasser, Mehl, Nudeln, Margarine oder Butter? Die
Erinnerungen an »die letzten Eiszeiten« sind noch
frisch. Da hatte es Schnee und Frost gegeben wie lange
nicht mehr. »In solchen harten Wintern weichen wir
bei Eisgang schon mal nach Sassnitz aus«, erzählt
Bodo Breuhahn. »Wir haben das auch schon gehabt,
dass die Kreuzerbesatzung mit dem Hubschrauber
abgelöst werden musste!«

Mit den Lebensmitteln bunkert die jeweilige Mannschaft auch Brennstoff. Wasser bekommen die weni-
gen Bewohner der Insel aus einem Brunnen. Die
Stromerzeugung im kleinen Generatorenhaus läuft auf
Heizöl – gleich gegenüber dem alten Rettungsschup-
pen, der 1885 entstand und seit seiner Sanierung unter

anderem die Stationswerkstatt beherbergt. Strom ist
eine unerlässliche Energie auf der »Oie«, ohne die
nicht zuletzt die Küche im gelben Seenotretterhaus
kalt bliebe. Das fängt schon beim Morgenkaffee an,
der um sieben Uhr fertig ist. Das Mittagessen steht,
sofern der Seefunk nicht zum Einsatz ruft, um 12 Uhr
auf dem Tisch. Dazu wird Milch getrunken – das ist
so obligatorisch wie der Joghurt danach und die
abendliche Brotration. Mit dem Kochen ist jeder einmal dran. Als »Chefkoch« der siebenköpfigen Stammbesatzung gilt Jean Frenzel. Er war es auch, der einen
Kräuterkasten hinter dem Haus angelegt hat. Hier
wächst zum Beispiel ganz viel Petersilie. Ein jahres-
zeitliches Inselprodukt sind Boskop-Äpfel, die sich
»für den kleinen Hunger zwischendurch« eignen,
meint Marco Klossek. So wie die »Oie«-Brombeeren,
die zu Pudding oder Joghurt schmecken. Sind die Seenotretter mit der EUGEN gefordert, machen sie sich
unterwegs höchstens mal eine Dose Suppe warm – Not-
proviant. Doch gibt Kanal 16 keinen unheilverkünden-
den Laut, heißt es wie an diesem Mittag um 11.55 Uhr
via Haustelefon: »Eins, zwei, drei, EUGEN, gelbes
Haus. In fünf Minuten können wir essen!« Während
sich seine beiden Kollegen im Hafen auf den Weg
»nach oben« machen, gibt Vormann Bodo Breuhahn
seinem Putengeschnetzelten den grünen Pfiff und
konstatiert: »Petersilie muss sein!«

Frische Petersilie darf in der Küche der »Oie«-Seenotretter nicht fehlen – ein Kräuterkasten hinter dem Haus macht es
möglich. Gegessen wird im Stationsgebäude und immer in Hörweite des Funkgerätes.

Schmorgurken

800 g Schweinegehacktes
4 Schlangengurken
100 g durchwachsenen Speck 1
Zwiebel
5 Knoblauchzehen
2 Dosen Tomatenstückchen
Tomatenmark
Margarine
Salz, Pfeffer, edelsüßes
und rosenscharfes
Paprikapulver
Kräuter der Provence
Rosmarin, Basilikum

Den durchwachsenen Speck und die Zwiebel würfeln, beides anbraten und die gehackten Knoblauchzehen hinzugeben. Wenn das Ganze etwas Farbe angenommen hat, das Hackfleisch mitschmoren; ist das Gehackte gar, etwas Tomatenmark und die Tomatenstücke hinzufügen.

Die Gurken schälen, vom Kerngehäuse befreien, in Stücke schneiden und dem Gehackten hinzufügen. Etwas Wasser hinzugeben, mit Salz, Pfeffer, Paprikapulver und den Kräutern abschmecken und dann circa 1½ Stunden köcheln lassen.

Tipp *Zu den Schmorgurken passen Salzkartoffeln oder Reis.*

Fischitüffel
(kräftig gewürzte Stampfkartoffeln) mit Salami

Für 6 Personen oder 4 Seenotretter
1 kg Kartoffeln
1 ganze Salami
3–4 Zwiebeln
60 g Butter
Salz, Pfeffer, Petersilie
Muskatnuss
eventuell Paprikagewürz

Die Kartoffeln schälen und zusammen mit den grob zerkleinerten Zwiebeln kochen (das Kochwasser bereits etwas salzen und pfeffern); das Kochwasser bis auf einen kleinen Rest nach dem Garen in ein zusätzliches Gefäß gießen.

Die Kartoffeln und Zwiebeln stampfen oder mit einem Pürierstab mixen und dabei noch etwas von dem Kochwasser oder etwas Milch hinzufügen. Die Butter unterrühren und kräftig würzen.

Vor dem Servieren frisch gehackte Petersilie untermischen und eine aufgeschnittene Salami dazu reichen.

Russenpudel

(gefüllte Paprikaschoten)

Für 6 Personen oder 4 Seenotretter

600–800 g Schweinegehacktes
(je nach Größe der
Paprikaschoten)
4 Paprikaschoten
2 Zwiebeln
2 Möhren
3 Eier
Margarine
Semmelmehl
Salz, Pfeffer, edelsüßes und
rosenscharfes Paprikapulver

Tipp *Dazu schmecken Salzkartoffeln.*

Das Hackfleisch mit Salz, Pfeffer sowie mit dem Paprikapulver abschmecken und mit den Eiern und Semmelmehl vermengen.

Die Paprikaschoten von Stielen und Kerngehäuse befreien, mit dem Gehackten füllen und dann die Schoten auf dem Kopf stehend und von allen Seiten anbraten. Kurz bevor alle Seiten gebräunt sind, die Zwiebeln und Möhren (jeweils klein geschnitten) hinzugeben und die Paprikaschoten herausnehmen und warm stellen. Zwiebeln und Möhren kross anbraten, mit Wasser ablöschen und, wenn dieses kocht, etwas Salz hinzufügen.

Dann die Paprikaschoten in den Sud geben und einige Zeit köcheln lassen. Die Schoten herausnehmen und den Sud andicken (die Möhren und Zwiebeln vorher entfernen oder in der Soße belassen).

Rezepte